U0840250

博物馆展陈操作手册

MUSEUM EXHIBITION
OPERATION MANUAL

李作民 著

巴蜀书社

图书在版编目（CIP）数据
博物馆展陈操作手册 / 李作民著. -- 成都 : 巴蜀书社, 2025. 1. -- ISBN 978-7-5531-2389-9
I. G265-62
中国国家版本馆CIP数据核字第2025SR5764号

博物馆展陈操作手册
BOWUGUAN ZHANCHEN CAOZUO SHOUCE
李作民 著

统筹策划 白 雅
责任编辑 赵邦媛
封面设计 杜婉怡
责任印制 田东洋 谷雨婷
出版发行 巴蜀书社
成都市锦江区三色路238号新华之星A座36楼
总编室电话（028）86361843
营销中心电话（028）86361852
网 址 www.bsbook.com
经 销 新华书店
排 版 四川二十一世纪文化传播有限责任公司
印 刷 雅艺云印（成都）科技有限公司
版 次 2025 年 1 月第 1 版
印 次 2025 年 1 月第 1 次印刷
成品尺寸 170mm × 240mm
印 张 15
字 数 148 千
书 号 ISBN 978 -7 - 5531 - 2389 - 9
定 价 96.00 元

PREFACE 前言

博物馆作为文化的载体和展示平台，其展陈设计与施工是一项复杂而系统的工程。为了博物馆展陈工程的有效实施，我们需明确两个关键点:

一是界定展陈的整体概念，深入剖析展览的核心价值，明确展览想要传达的文化信息、情感色彩及艺术风格，从而构建出一个既符合文化逻辑又引人入胜的展览框架，确保每一个细节都能紧密围绕主题，共同讲述一个完整而深刻的故事。

二是厘清各阶段的具体工作内容与要求，将展陈设计中的一系列复杂过程细化为一个个可操作、可监控的任务，明确每个阶段的责任主体、时间节点、质量标准及验收流程，以确保各项工作的有序进行，在出现问题时迅速定位、及时调整，保障整个展陈项目的顺利进行。

本手册致力于构建一套逻辑严密、操作性强的指导体系，为博物馆展陈设计与施工提供全面、可靠的参考。

CONTENTS 目录

摘要
ABSTRACT

本手册旨在为博物馆的策划、设计与实施等各项操作提供一个系统性的框架，以确保展览从策划到实施的每一个环节都能达到最佳效果。

手册将按照博物馆展览的三个核心问题展开，包括：

一、博物馆展览工作内容；
二、博物馆项目流程与周期；
三、博物馆项目投资。

本手册不仅解答了博物馆在准备展览时面临的基本问题，还深入探讨了如何整合资源，按照科学的流程步骤，创造出富有教育意义、引人入胜且可持续的展览体验。

MUSEUM EXHIBITION
WORK CONTENT

第一章

博物馆展览工作内容

从策划、设计到施工，我们在博物馆展览中的工作涵盖了全方位的创意实现与专业执行。这一过程始于对博物馆展览的理解、对展览主题的深入探索与创意构思，通过细致的学术研讨及目标受众分析，精心策划展览的核心内容与叙事结构。随后，设计团队运用创新的设计理念与精湛的艺术手法，将展览内容转化为视觉语言，从空间布局、色彩搭配、灯光效果到互动体验，每一处细节都旨在为展陈营造最佳的观展环境。最后在施工阶段，与专业的施工团队紧密合作，确保设计方案高质量落地。

01
定义博物馆
DEFINING THE MUSEUM

博物馆是一个集文物保护、研究、教育、展示和交流于一体的综合性文化机构。它不仅负责收藏、整理和保管各类文物，还通过展示将静默的文物“活化”，赋予其新的生命和意义。这种“活化”不仅是文物的物理陈列，更是对其文化精髓、历史内涵和艺术价值的深入挖掘与广泛传播。通过展示，博物馆才能充分发挥其作为当代社会重要文化机构的职能，释放文化活力，让文物说话，让历史发声。

成都博物馆
CHENGDU MUSEUM

成都文化地标——成都博物馆

02
理解展陈
UNDERSTANDING EXHIBITION

博物馆展陈是一个复杂而精细的过程：它超越了藏品的简单陈列，通过策展人智慧与创意的凝结，将静默的藏品转化为能够触动人心、启发思考的展品，再将展品转化为一个个引人入胜的故事载体，在观众心中搭建起一座座穿越时空、联通知识与情感的桥梁。其核心可概括为“从藏品到展品，再到讲故事”的递进链条。

什么是展陈?

WHAT IS EXHIBITION?

博物馆不是文物库房：展品柜里放一放，展板墙上挂一挂。从“藏品”到“展品”到“讲故事”，博物馆的功能不断被重新定义。

宝墩遗址展馆艺术场景

从藏品到展品

FROM COLLECTIONS TO EXHIBITS

金沙遗址博物馆玉器展品

金沙遗址博物馆石器展品

宝墩遗址展馆陶器展品

藏品为基础

藏品是博物馆存在与发展的根基，既承载着厚重的历史记忆，又蕴含着丰富的历史信息、文化内涵与艺术价值，是连接过去与现在的独特纽带。每一件藏品都有一个故事，等待着被发掘、被理解、被传承。

展品须选择

展品是从众多藏品中甄选而出，并经由策展人根据特定主题、逻辑或时间脉络选择设计后展示给公众的物品。这个选择设计的过程不仅是物理上的挑选转移，更涉及对藏品价值的深度挖掘与重新诠释。通过精心挑选、巧妙布局，展品从静默无语的物体，转变为能够主动讲述、引发共鸣的艺术媒介。

在川藏公路博物馆中，为了生动再现马灯、铁锄、帐篷等展品的历史使用场景，我们将这些展品与历史照片巧妙融合，使展品不仅作为实体存在，更深深植根于鲜活的历史情境中。通过这样的展示方式，展品不再孤立，而是跃然于历史画卷之中，物与景实现了最佳融合。

川藏公路博物馆——展品与历史照片的融合

展陈是讲故事的艺术

EXHIBITION IS THE ART OF STORYTELLING

故事化展示

通过故事化的展示，赋予展品生命力，将静默的展品转化为生动的叙述者，引发参观者的情感共鸣，加深其对展品所蕴含的历史文化的认识与认同。

宝墩遗址展馆——展品与场景的融合

多元化的叙事手法

运用文字说明、图像展示、多媒体互动等多种手段，构建生动连贯的叙事空间，展现展品背景、社会风貌及其反映的文化变迁，营造沉浸式的观展体验。

金沙遗址博物馆——展品的空间营造

在金沙遗址博物馆中，为了突出铜立人像的展示，我们设计了一个暗空间，巧妙地将铜立人像安置于廊道尽头，以金属幕帘作为展品的装饰背景，通过投影技术，铜立人像的“身影”栩栩如生，跃然眼前。展览空间里回荡着石磬的敲击声，伴随着这神秘低沉的声音，观众越过幕帘，犹如掀开历史的面纱，而铜立人像更似穿过层层迷雾，跨越数千年的时光，在此刻与观众重逢，“指引”观众进入神秘的金沙王国，为观众参观展厅提供了沉浸式的氛围。

中国皮影博物馆——展品与光影的融合

西安唐皇城墙含光门遗址博物馆——遗址的多媒体展示

成都永陵博物馆——空间营造

川菜传统技艺博物馆——一座活态的博物馆

展陈的本质

THE ESSENCE OF EXHIBITION

做展陈不是做装修：找个大点的清水房，做个好看的顶地墙。展陈是理解、表达和分享，展览的主题内容是叙事主体，展览的形式设计是表达方法。

广元市博物馆广元窑文物展

展示而非装饰

展陈设计的核心在于通过艺术与科学相结合的方式，展现文物的文化内涵、艺术价值及其背后的故事，以达到智慧启迪、审美陶冶与文化传承的目的。展陈的核心在于展示，旨在建立人与物沟通的桥梁，而非单纯的视觉装饰。

多学科融合的设计

展陈设计涉及文物选择、考古研究及展览策划等多方面的工作，需团队合作以实现跨学科知识整合，在尊重文物原真性的基础上，创造性地融合文物本体、展览空间与互动体验，打造沉浸式展览环境。

广元市博物馆广元窑文物展

展陈是理解、表达和分享

展陈，作为博物馆的核心活动，其本质在于理解、表达和分享。这一过程不仅涉及对文物或历史事件的深入挖掘与解读，还涵盖如何将这些信息与观众进行有效分享，实现信息精准传达。观众通过参观，不仅能够获得丰富的文化体验，还能对历史和文化有更直观的了解，从而激发文化自信和自豪感。

展览的主题内容

展览的主题内容是展览所围绕的中心思想、核心观点或主要议题，它是展览策划和设计的出发点和归宿点。通过展览的展示和解读，向观众传递特定的信息和意义。

展览的形式设计

展览的形式设计是指根据展览的主题、内容和目标，通过空间布局、视觉元素、技术手段等多种方式，对展览进行整体规划和设计，将展览内容以最佳的方式呈现给观众，以创造出具有吸引力、感染力和教育意义的展览环境。

空间布局

合理规划

根据展览场地的大小、形状和观众流动路线，合理规划展览空间，确保各个展区之间衔接顺畅，避免拥堵和混乱，营造舒适愉悦的观展环境。

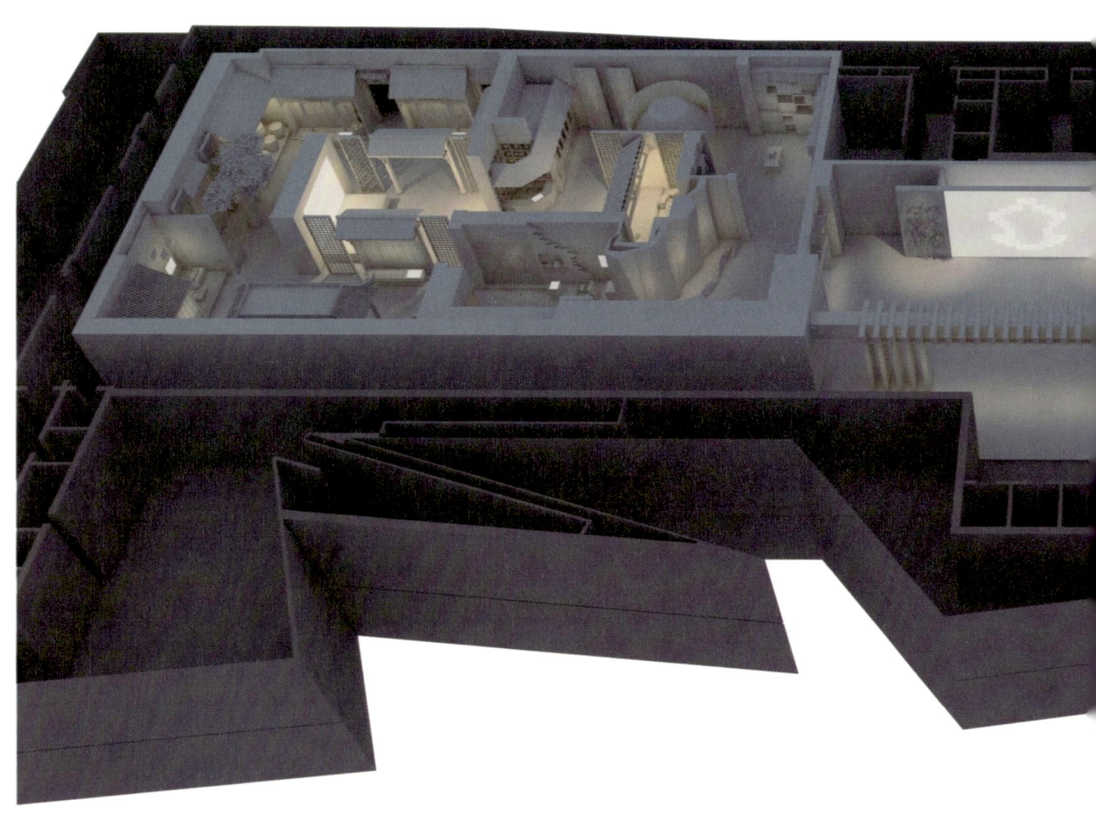

层次分明

通过不同的空间层次和高度变化，引导观众按照既定的参观路线观览展厅，通过视觉与体验上的层次递进，增强展览的趣味性和互动性。

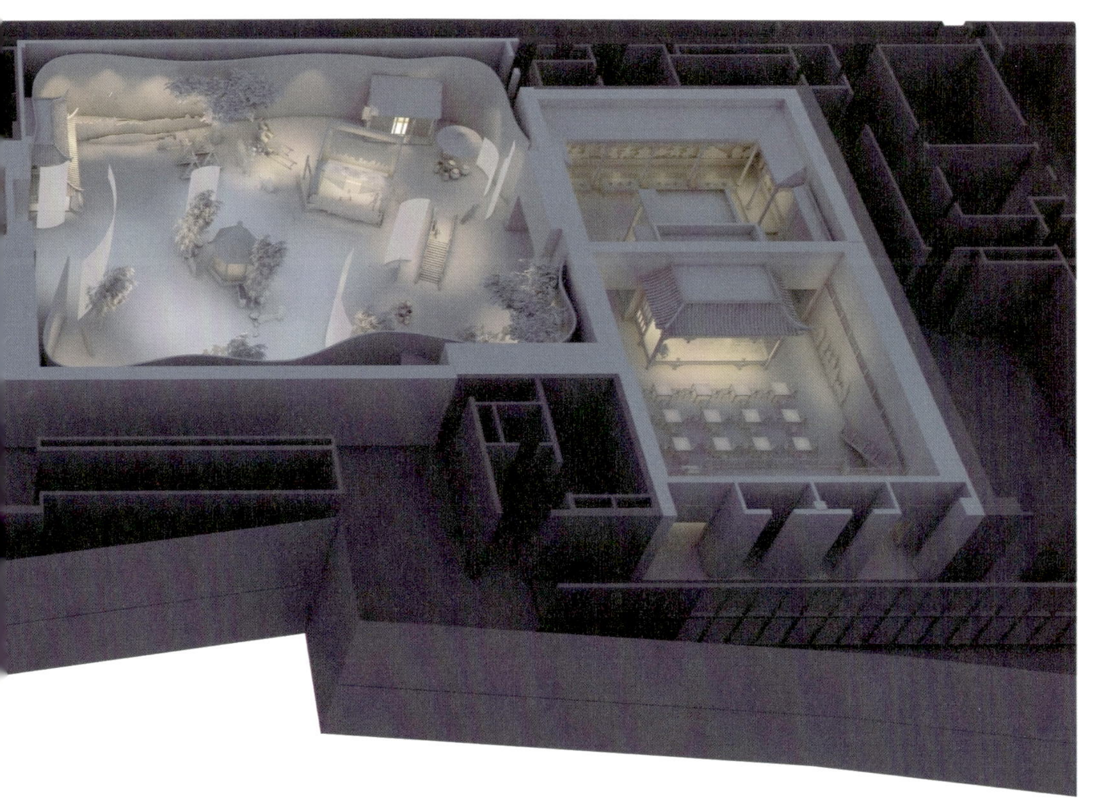

成都博物馆民俗展厅空间布局

视觉元素

色彩搭配

运用色彩心理学原理，通过色彩的对比、融合，节奏感的变化，营造出符合展览主题的视觉氛围，引起观者的情感共鸣，形成主题性的视觉震撼。

图形与文字

设计富有创意且直观易懂的图形，配以简练明确、易于理解的文字说明，降低信息理解的门槛，帮助观众更好地理解展览内容。

灯光照明

利用灯光的明暗、色彩和角度变化，突出展品的特点和细节，增强展览的视觉效果，激发展品的生命力。

宝墩遗址展馆视觉呈现

中华农耕文明馆视觉呈现

习酒酿造工坊文化展示厅视觉呈现

大明宫遗址博物馆视觉呈现

中国皮影博物馆视觉呈现

古道釉雅
瓷化万千

广元窑文物展

EXHIBITION FOR CULTURAL RELICS
OF GUANGYUAN KILN

广元市博物馆广元窑文物展视觉呈现

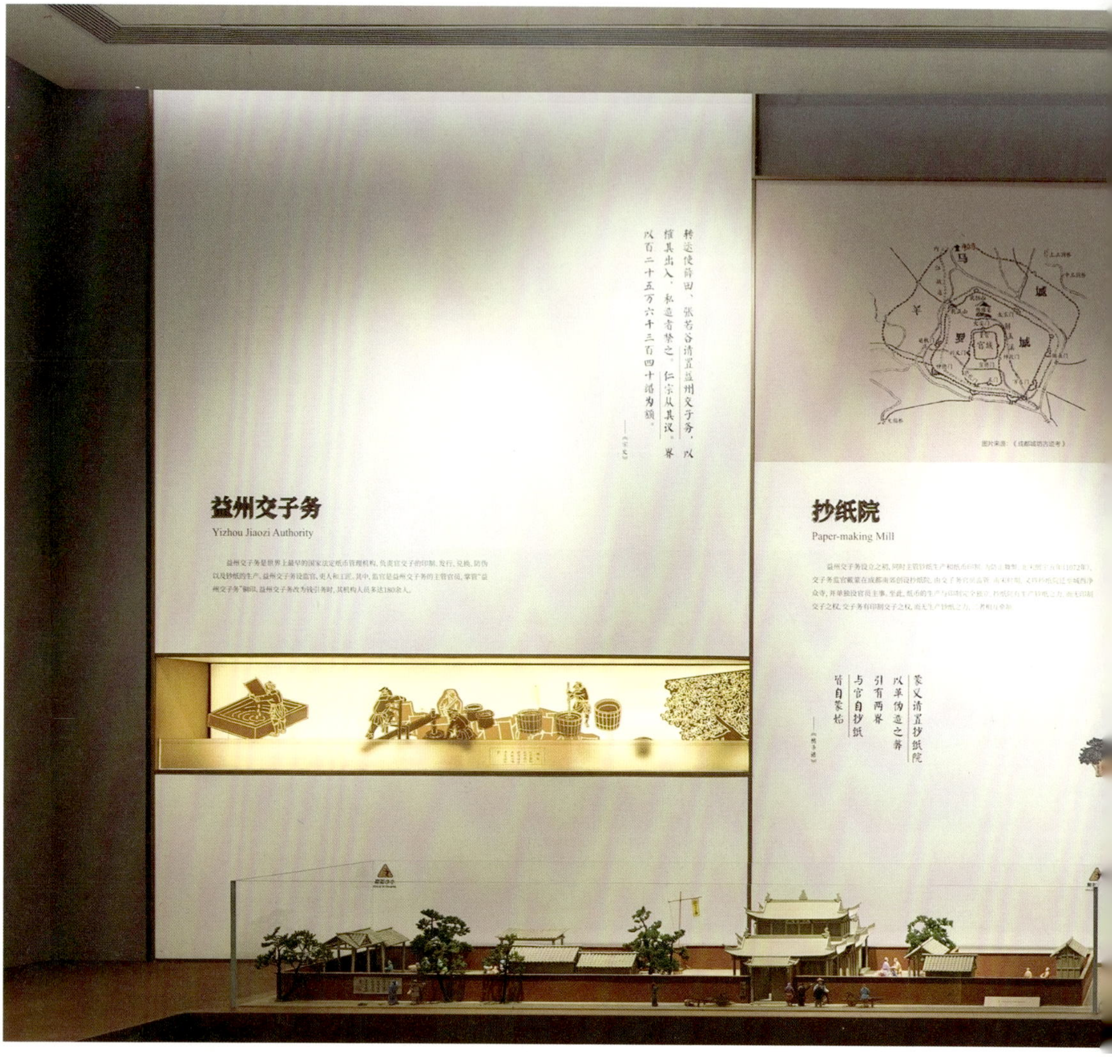

转运使薛田、张若谷请置益州交子务，以榷其出入，私造者禁之。仁宗从其议。界以百二十五万六千三百四十缗为额。

——《宋史》

益州交子务

Yizhou Jiaozi Authority

图片来源：《成都城坊古迹考》

抄纸院

Paper-making Mill

蒙义请置抄纸院

以革伪造之弊

引有两界

与官自抄纸

皆自蒙始

交子金融博物馆视觉呈现

大明宫遗址博物馆视觉呈现

中国皮影博物馆视觉呈现

技术手段

多媒体展示

运用投影、触摸屏、虚拟现实（VR）、增强现实（AR）等多媒体技术，将展览内容以鲜活灵动的姿态呈现给观众，增强展览的沉浸感。

互动体验

设置互动环节，引导观众通过参与和体验，深入了解展览内容，提高观众的参与度和满意度。

数字化管理

利用数字化手段对展览进行管理和维护，包括展品信息的录入、查询和更新等，提高展览管理的效率，确保信息的准确性和时效性。

都江堰水利文化陈列馆多媒体四折幕沉浸空间

西安唐皇城墙含光门遗址博物馆多媒体纱幕投影

大明宫遗址博物馆多媒体幻影成像

03
博物馆：内容与形式共融的空间表达
MUSEUMS:SPACES WHERE CONTENT AND FORM COEXIST

展览内容作为博物馆的核心，经由精心策划的陈列形式与巧妙的布局呈现。内容与形式的深度融合，不仅提升了展览的观赏性与教育性，更促使观众从被动接受转为主动参与，增强了观众的参与感和体验感。这种多感官、深层次的体验方式，可使观众获得更加深刻和丰富的文化感悟。

博物馆不再是单纯的知识展示场所，而是一个集内容与形式于一体的综合性文化平台，实现了内容与形式的和谐共生。

博物馆涵盖
哪些内容和形式?

博物馆展陈是内容与形式的深度融合。

形式

多媒体

软件

裸眼3D

影像

音频

幻影成像

交互

图版

装置

模型

艺术

场景

雕塑

实物陈列

内容与形式的深度融合

DEEP INTEGRATION OF CONTENT AND FORM

博物馆展览的内容与形式并非孤立存在，而是紧密相连、互为支撑的一体两面。内容，传达着展览的主题思想、核心信息及内涵知识，是展览的核心与灵魂；形式，则是内容的表达方式，涵盖了展览的创意设计、空间布局及多样化的展示手段。

深度融合意味着内容与形式在展览的整个过程中紧密结合，不可分割。一方面，展览内容必须通过适宜的形式呈现，确保观众能够直观、准确地捕捉并理解展览的深层含义与信息要点。另一方面，展览形式的选择与应用紧密围绕内容展开，确保二者在风格、氛围及信息传递上保持高度的和谐统一。

通过深度融合提升展览的视觉吸引力与教育价值，使观众在欣赏过程中既能获得知识，亦能拥有享受美的体验，增强观众的参与感和体验感。

四川大学自然博物馆——场景与动物标本结合呈现内容

宝墩遗址展馆——绘画、雕塑、多媒体结合呈现内容

马球场

大明宫遗址博物馆——场景、绘画、多媒体结合呈现内容

展陈空间的整体表达

THE OVERALL EXPRESSION OF EXHIBITION SPACE

博物馆展览远非文物与信息的简单堆砌，而是一个个精心设计的空间场域。在此场域内，观众可以通过视觉、听觉、触觉等多重感官来体验展览内容。

要确保展览完整传达其内在含义，关键在于内容、形式与空间三者的统一规划。这要求在策划与设计之初，充分考虑空间布局、氛围营造等因素，即通过科学的空间规划与设计，将展览内容与形式有机融入既定场地，形成和谐统一的整体。

这种整体表达不仅体现在展览的视觉效果上，还渗透至观众的观展体验中。观众在参观时，不仅能直观感受到展览内容的连贯和层次递进，还能被展览空间所营造出的氛围所感染，从而获得更加深刻的观展体验。

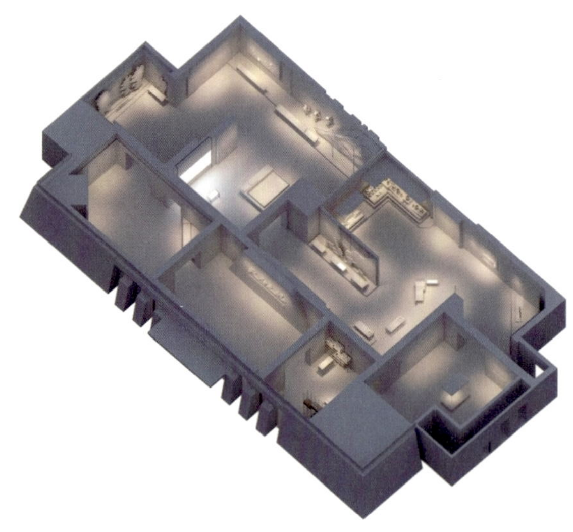

宝墩遗址展馆整体空间效果

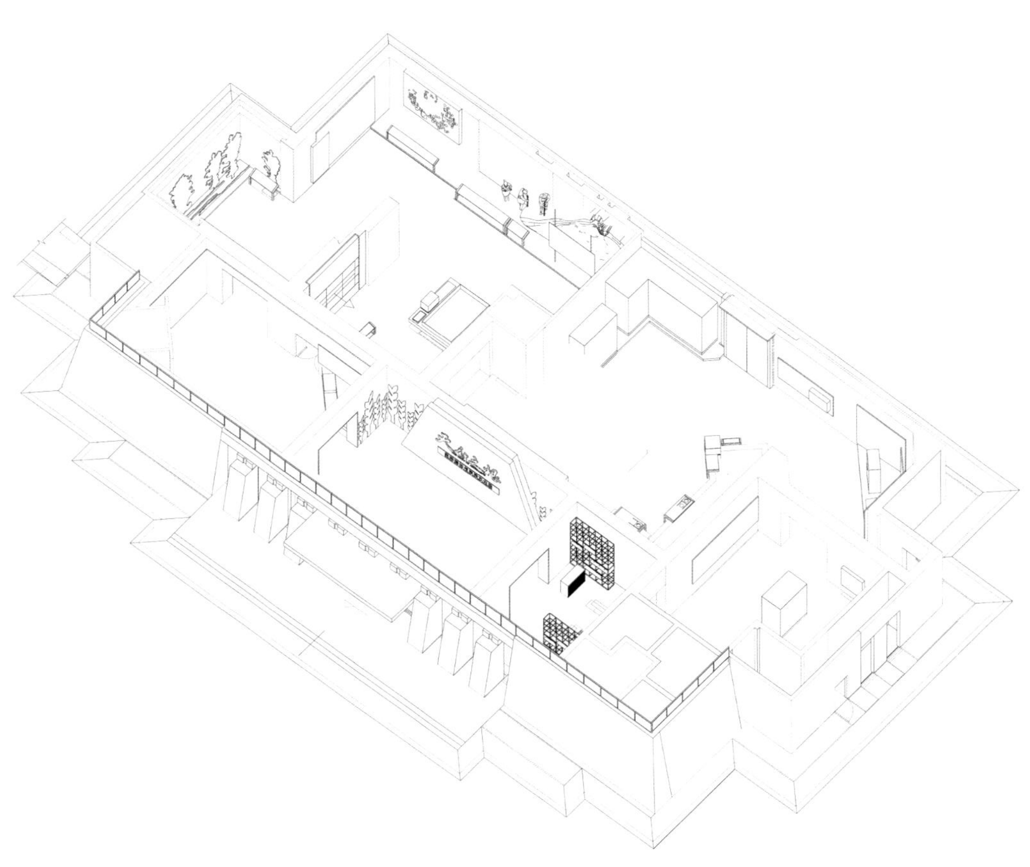

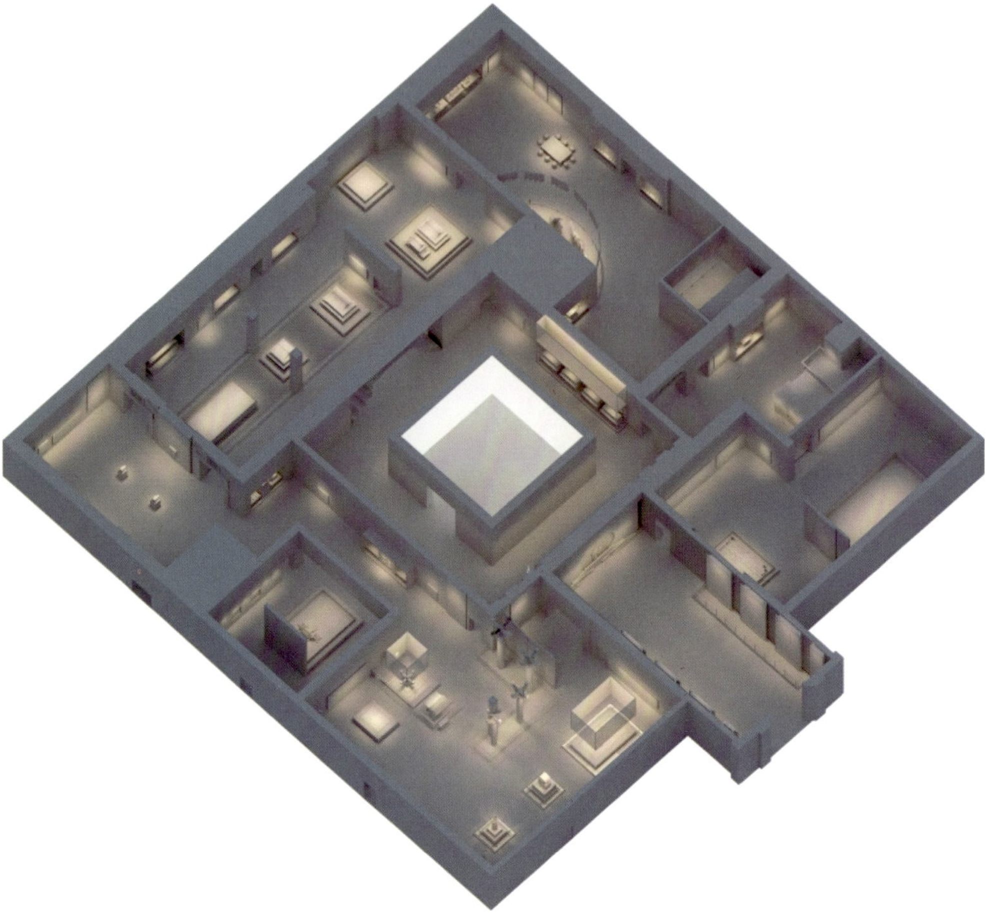

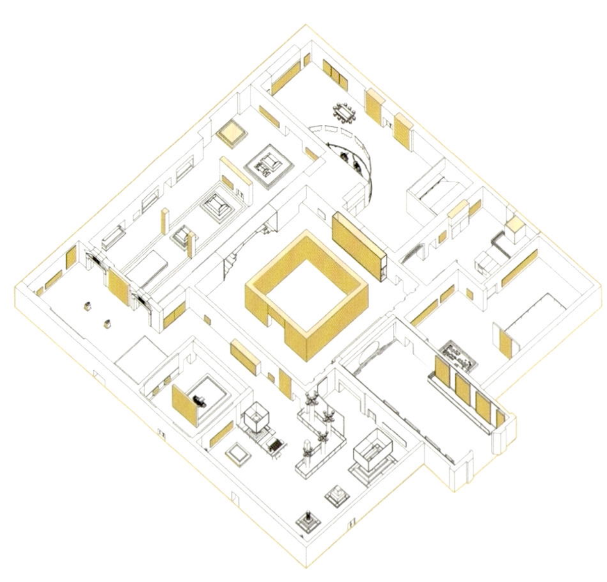

大明宫遗址博物馆整体空间效果

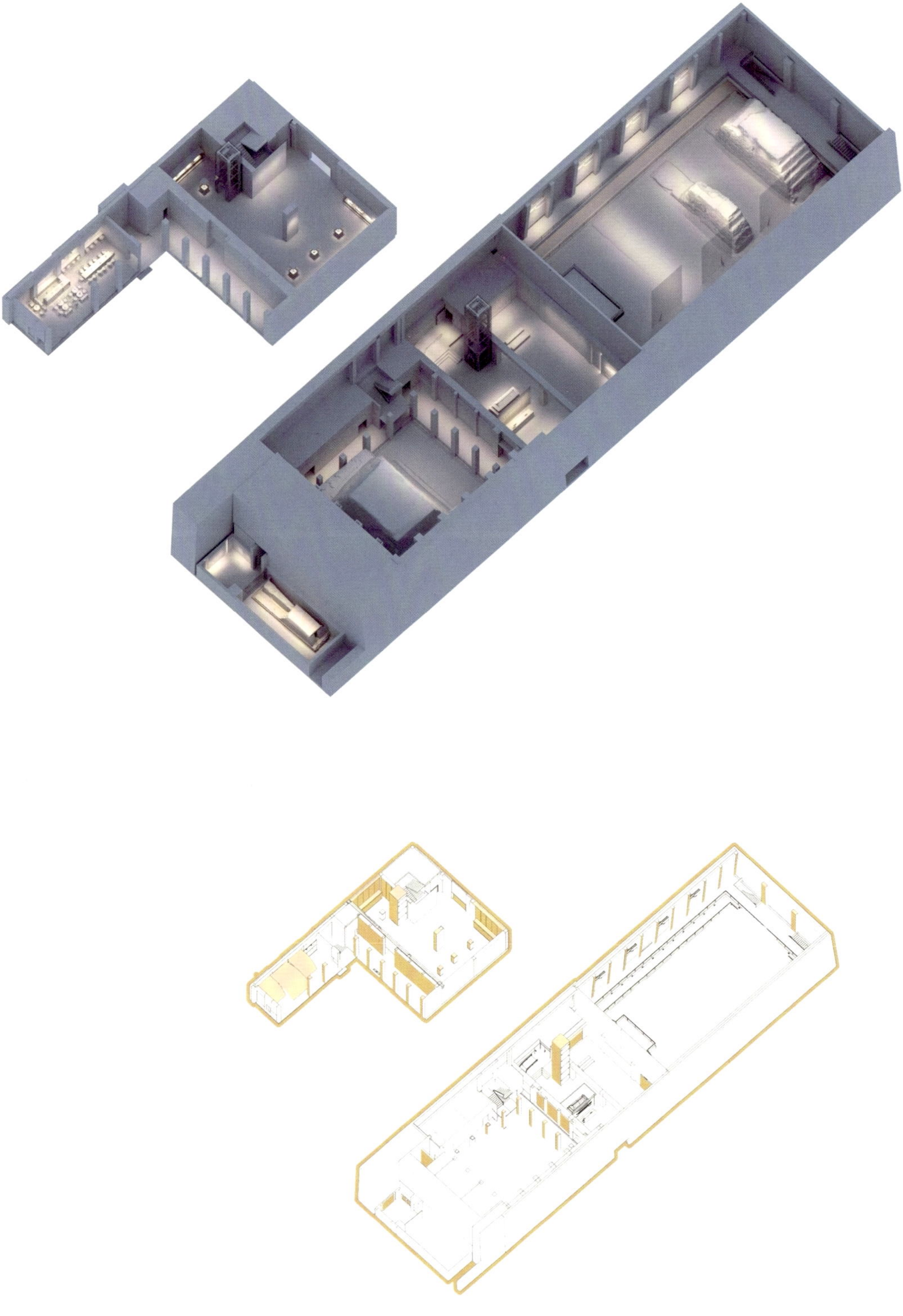

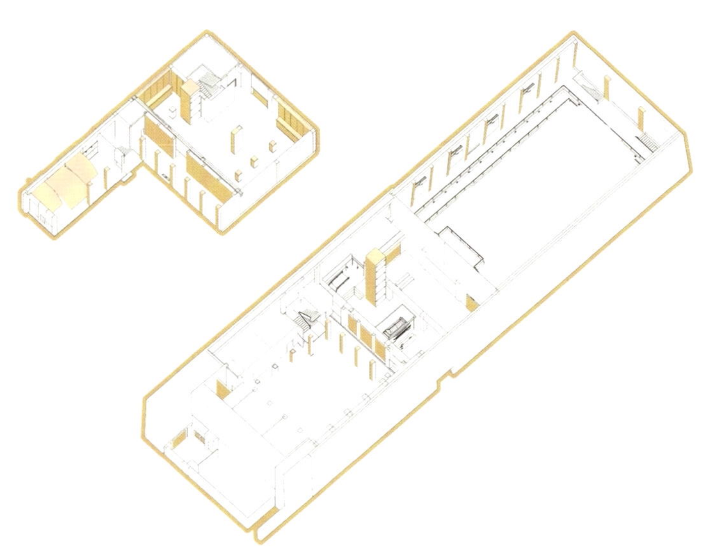

西安唐皇城墙含光门遗址博物馆整体空间效果

04
展陈的五大要素
THE FIVE ELEMENTS OF THE EXHIBITION

展陈的卓越品质，由内容、形式、空间、周期与投资五大支柱稳固支撑。这五大要素在展览的全生命周期中相互影响、相互制约，共同铸就展览的非凡品质。

展览的最终品质
由五大要素
相互影响决定。

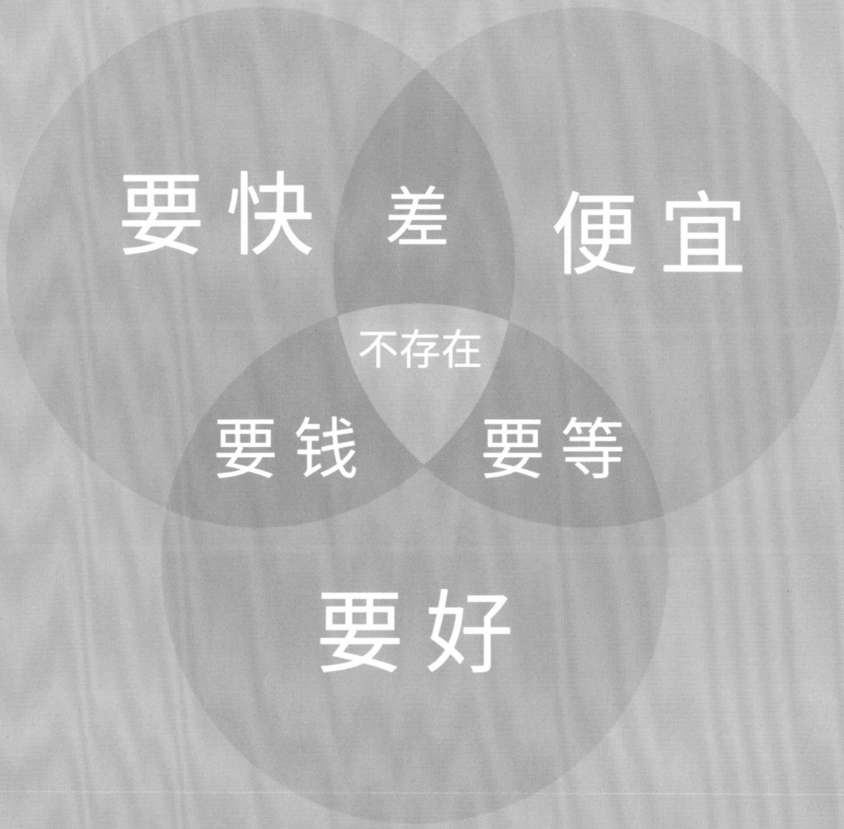

要快

差

便宜

不存在

要钱

要等

要好

多快好省是
不符合客观规律的。

内容予神魂，决定展览的脉络与逻辑

内容的选择和策划是展览成功的关键。内容是展览的心脏，它决定了展览的主题、价值和吸引力，赋予展览生命力和方向。高质量的内容不仅要求信息兼具准确度、深度与广度，还要能够引发观众的兴趣和共鸣，引导他们深入思考、自发探索。

形式赋形态，内容的生动载体

形式是内容的华丽外衣，是展览内容的呈现方式和手段，包括展览设计、布局、展示技术等。形式与内容的深度融合，使展览更加生动、直观、易于理解、引人入胜。一个创新、美观且符合内容特点的展览形式，能够大大提升观众的观展体验，增强展览的吸引力和感染力。

空间塑骨架，好的空间设计是成功的一半

空间是展览的载体和背景，其规划与设计影响着展览的整体氛围和视觉效果。科学合理的空间规划和设计，能够优化展览内容的展示效果，同时营造出舒适、和谐的观展环境。空间设计不仅要考虑美观性，还要注重实用性，确保观众能够顺畅地浏览展览内容。

周期为保障，反复打磨、完善细节、精益求精、追求卓越

展览周期是品质雕琢的时间保障。展览的周期不仅涉及策划设计方案的构思、调整和完善，还包括制作、安装、调试等一系列具体工作的安排和执行。一个充足且合理的设计制作周期，能够确保展览的每一个环节都有足够的时间进行精细化的操作和调整，从而避免因为时间紧迫而导致的疏漏或质量问题，最终呈现超出预期的展览效果。

5

投资是基石，确保项目实施落地

投资是展览品质的坚强后盾，也是项目启动的先决条件。它确保了项目从构想到实现的每一步都有坚实的物质基础。充足的投资不仅可以保障内容的深度挖掘、形式的创新设计，还可以促进技术的应用与材料的精选，为展览的高品质呈现奠定坚实基础，从而提升展览的整体品质和观展体验。

从展览的策划、实施，再到最终的呈现，每一个阶段和环节都紧密相连，构成了一个复杂的系统工程。在这个过程中，投资不仅是推动项目前行的“燃料”，为项目提供必要的物质条件，还能确保项目能够按照既定的计划和方案顺利进行。

明确且充足的投资和科学高效的管理，是展览项目成功实施并赢得广泛认可的双重保障，二者共同构成了展览品质提升与观众满意度增强的坚实基础。

05
博物馆建设：一个系统化的工程
MUSEUM CONSTRUCTION: A SYSTEMATIC PROJECT

博物馆建设是一项复杂而精细的系统工程，是综合性和专业性极强的工作，需要跨学科、跨专业、跨系统，绝非展品的简单堆砌。它涵盖了展览策划、展览文本撰写、空间设计、立面排版、定制展项设计（场景、多媒体、装置）、基础施工、布展等多项工程。每一个环节都需严格管理，依托团队的专业操作。展陈的成效，直接映射出博物馆的整体风貌与专业水准，深刻影响着公众对博物馆的认知与评价。

因此，博物馆展陈设计遵循一套严谨的工作流程：立项筹备阶段，奠定展览主题与框架；方案招采流程阶段，将创意构想转化为具体蓝图；深化实施阶段，将设计变为现实；验收开馆阶段，检验成果、迎接公众。各阶段如同精密机械中的齿轮，缺一不可、环环相扣，共同保障着展览的成功运转。

展陈项目流程

根据工序，将项目目标和任务进行合理分解，分阶段推进。

第一阶段

立项筹备——定方向

第二阶段

招采流程——定效果

第三阶段

深化实施——定细节

第四阶段

验收开馆——成果完善

立项筹备——定方向

PROJECT INTIATION PREPARATION

在博物馆展览项目的初始阶段——立项筹备，首要任务是界定七个核心问题，即“为什么做”“展示什么”“在哪里展”“给谁看”“花多少钱”“多久呈现”和“怎么合作”。

当上述七个问题得到明确解答后，立项筹备阶段将产出四大重要工作成果：一是项目投资、场地与时间的最终确定，为项目后续实施提供坚实基础；二是工作机制与分工体系的建立，确保团队协同作战；三是专家组的成立，为项目提供专业指导与评估；四是概念设计方案的完成，为展览的创意呈现描绘蓝图。

工作清单

	业主单位	参建公司	
可行性研究	项目选址 明确投资金额 明确资金来源，经费筹集 明确项目实施内容及范围 明确开馆节点	现场踏勘 提供投资建议 提供展馆建设清单 编制工期计划	可研单位
概念设计	资料提供 展品征集、借展、筛选、修复 邀请成立专家组	资料搜集 资料整理、消化、研究 完成概念设计方案 编制项目概算	展览公司
确立工作机制，成立项目组 完成设计施工一体化招标			

01. 为什么做?

这是项目启动的初衷，明确展览的目的、愿景及市场定位，为整个项目导航。

02. 展示什么?

直接指向展览的核心，即确定展览的主题范畴与核心内容，确保展览的吸引力与文化价值。

03. 在哪里展?

关乎展览的物理空间，需细致考察并选定合适的场地，打造展览的最佳环境。

04. 给谁看?

关乎目标观众的界定，须深入分析目标观众群体，了解他们的兴趣与需求，从而定制更具针对性的展览内容。

宝墩遗址展馆

05. 花多少钱?

这是决定展览呈现效果的重要指标，直接关系到展览的规模、品质，需审慎评估，确保资源高效利用。

06. 多久呈现?

设定项目的时间周期，包括筹备、实施到开展的全过程，确保项目按时推进。

07. 怎么合作?

明确业主单位与展览公司之间的合作模式与责任划分，为项目的顺利执行奠定合作基础。

从无到有，从有到优，一个新建展馆需要哪些基础功能？涉及哪些主要专业？以建筑面积 5000m²以下的小型馆为例。

功能清单

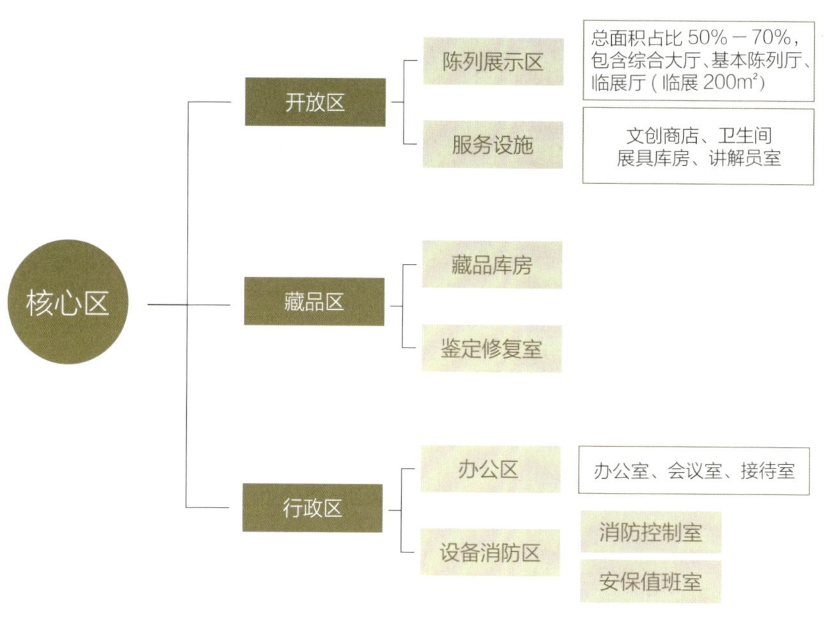

专业清单

研究方面
文物研究修复
历史文化研究
展陈方面
展览文本
空间设计
立面设计
多媒体
艺术
（场景、绘画、雕塑）
美工
展柜
基装
灯光
工程方面
消防工程
安防工程
暖通工程
安装工程

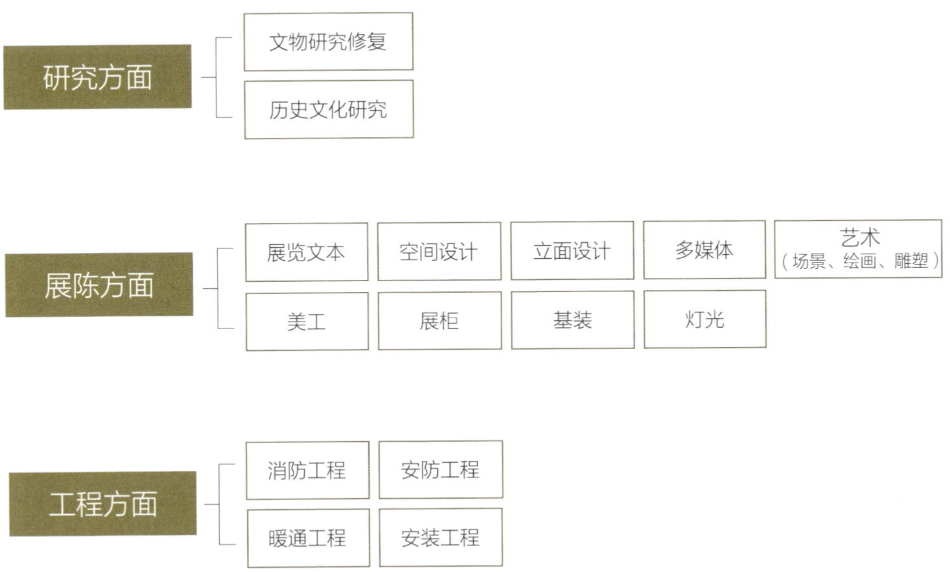

概念设计方案

方向审定

明确内容展示逻辑和重点，调整展厅的空间比重分配，为展览文本撰写与空间形式设计奠定基础。

项目定位

展览大纲

功能分区

平面布局

参观动线

风格调性

序厅：皮影戏的历史与发展

第一单元：百态千姿——造型

第一组：北方地区皮影
第二组：满眼繁华——皮影分类及各地皮影比较
第三组：南方地区皮影

第二单元：镂绘传奇——制作

第三单元：拿手好戏——演出

第一组：手舞变幻——皮影操纵
第二组：千剧百腔——皮影剧目、音乐

第四单元：影戏人生——皮影与民俗

第一组：搭班唱影——皮影戏班
第二组：娱人酬神——皮影的民俗功能

附：特色皮影展示

展览大纲（目录）

风格调性

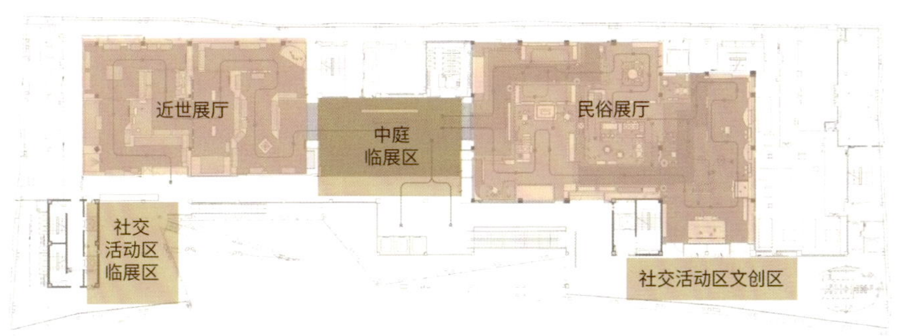

功能分区

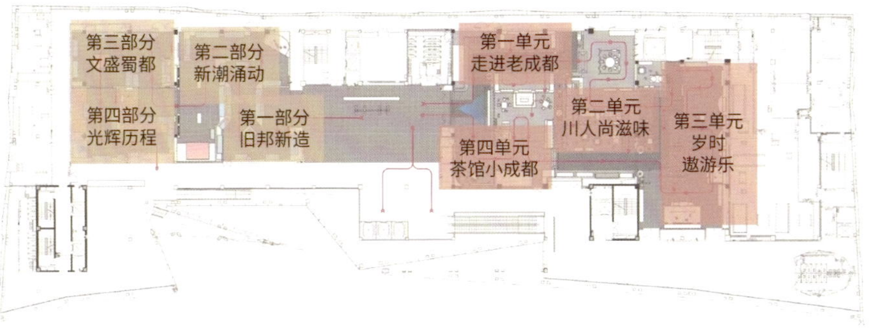

平面布局、参观动线

5.3 概念设计

5.3.1 陈列展览形式设计的第一阶段为概念设计。根据陈列展览大纲的要求，把握陈列主题和效果总体，提出初步意向性设计方案，以艺术表现为主，兼顾可行性，既有感性和探索性特征，又是设计原则的体现。

5.3.2 概念设计宜由建设单位自行提出，亦可通过社会征集、委托或招标方式获得。

5.3.3 概念设计应有设计说明、平面图、效果图和资金概算，其他可以根据需要来确定设计深度。概念设计应明确表达以下设计意图：

a）陈列展览空间构成，含总平面布局设计和立体设计；

b）陈列展览流线设计；

c）基本造型风格设计；

d）总体环境色彩的拟定；

e）照明方式拟定和光源选择；

f）重点展项的意向性设计；

g）拟定施工和陈列展览主要技术手段，并对技术难度进行评估；

h）拟定施工主要材料和施工技术要点；

i）明确消防疏散通道；

j）编制资金概算。

5.3.4 总平面布局是陈列展览的基础性设计，涵盖陈列内容的空间分配、展项的基本定位以及陈列展览流线、主要材料与技术的设定等因素，并注意无障碍设计及后期维护与维修的便利性。

5.3.5 陈列展览流线既是陈列内容在空间上的延展，也是观众参观的行进路线和活动空间，在概念设计阶段应重点设计。常规的流线设计以自左至右的阅读方向为参照，沿顺时针方向展开；如受建筑空间限制，或文字传统竖排影响，可适当调整陈列展览流线方向。流线设计以避免“回头路”和“交叉路线”为设计原则。陈列展览流线中观众通道的最窄空间距离应不小于2.4m。陈列展览流线设计应对多层建筑、多个展厅布局的系统流线进行设计，人流（观众及工作人员）、物流（文物、临时展品调整，物资）以及消防疏散的路线应合理通畅。

资料来源：
中华人民共和国文物保护行业标准：《博物馆陈列展览形式设计与施工规范》，中华人民共和国国家文物局2019年1月31日发布。

项目定位

博物馆的项目定位，不仅明确界定了其核心功能、展览主题以及目标受众群体，还为博物馆后续的内容策划与形式设计铺设了坚实的基石，奠定了整体风格的基调。这一过程深刻影响着博物馆展示内容的选择，也为博物馆在视觉设计、空间布局、互动体验等方面的创意发挥提供了明确的指引，使项目的后期工作能在明确的定位下顺利开展。

定位

主题定位

天府之根

宝墩遗址与宝墩文化

宝墩遗址发现了成都平原最早的水稻田遗存，

证明新津是成都平原稻作种植的第一站、稻作文明发源地；

宝墩遗址开启了成都平原人类定居生存进程，宝墩文化孕育了成都文明曙光文明曙光；

主题定位“天府之根”，强调新津宝墩奠定了天府之国农耕文明的经济基础。

定位

展馆定位

专业化的考古展示厅

立足于宝墩遗址　讲述宝墩文化

以丰富的考古实证和详实的研究成果

证实和展示宝墩遗址、宝墩文化的价值

讲好宝墩故事 · 讲好成都故事 · 古蜀文明故事

宝墩遗址展馆项目定位

展览大纲

展览大纲是博物馆策展工作中至关重要的一环，它不仅是内容策划、展览设计与实施的基础框架，也是确保展览主题明确、内容连贯、信息传递准确的关键。

展览主题确定

根据博物馆的收藏特色、学术研究成果、社会热点或教育需求等， 确定展览的主题。

资料收集与研究

广泛收集与展览主题相关的文献资料、图片、视频、实物等，剖析资料，筛选出与展览主题紧密相关、具有代表性和教育意义的内容。

内容构思与框架设计

基于研究成果，构思展览的整体内容结构和逻辑顺序。划分展览章节，设计每个章节及其子章节，构建出清晰的展览框架。

展览大纲编写

编写详细的展览大纲，包括展览概述、各部分内容概要等。确保大纲内容准确、全面、逻辑顺畅，能够清晰地传达展览的主题和意图。

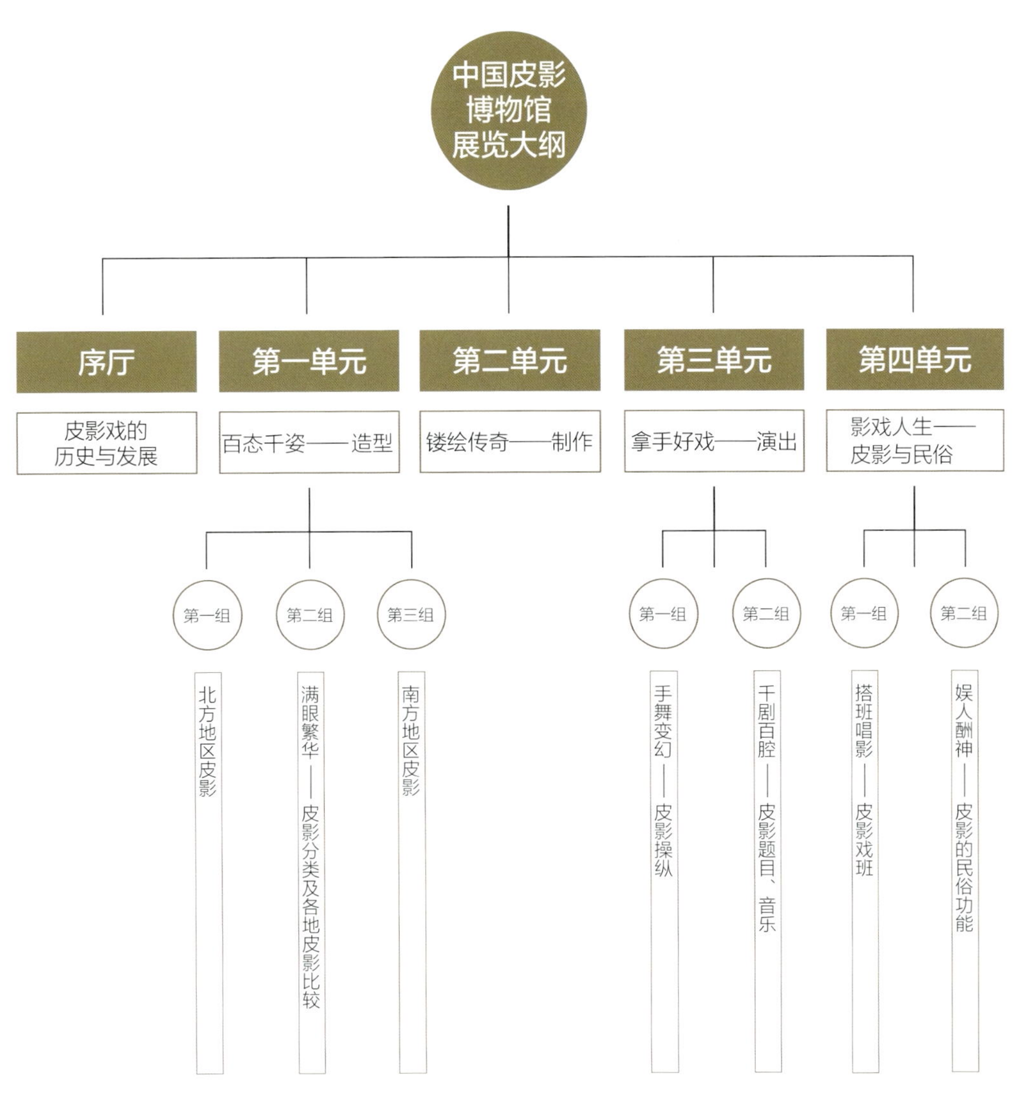

中国皮影博物馆展览大纲

功能分区

功能分区涵盖了展览区、服务区、办公区及库房区等多个核心板块，每个区域均承载着特定的功能与使命。

各功能区域应严格根据使用需求和重要性进行合理空间分配。通过细致的空间规划，实现资源的最优配置，既满足当前功能需求，又预留扩展余地。

展览区

作为博物馆的核心展示空间，用于陈列文物、艺术品及各类展览内容，是观众探索知识、享受艺术之美的主要场所。

服务区

提供信息咨询、导览服务、纪念品销售等功能，旨在提升观众参观体验，满足多元化需求。

办公区

为博物馆工作人员提供办公空间，确保展馆日常管理与运营的顺利进行。

库房区

安全存储文物、展品及其他重要资料，是博物馆资产保护与管理的核心区域。

在平面布局设计上，应注重灵活性与可扩展性相结合。通过模块化布局、预留接口等设计手法确保布局方案能灵活调整，适应未来新增功能或扩建项目的需求。

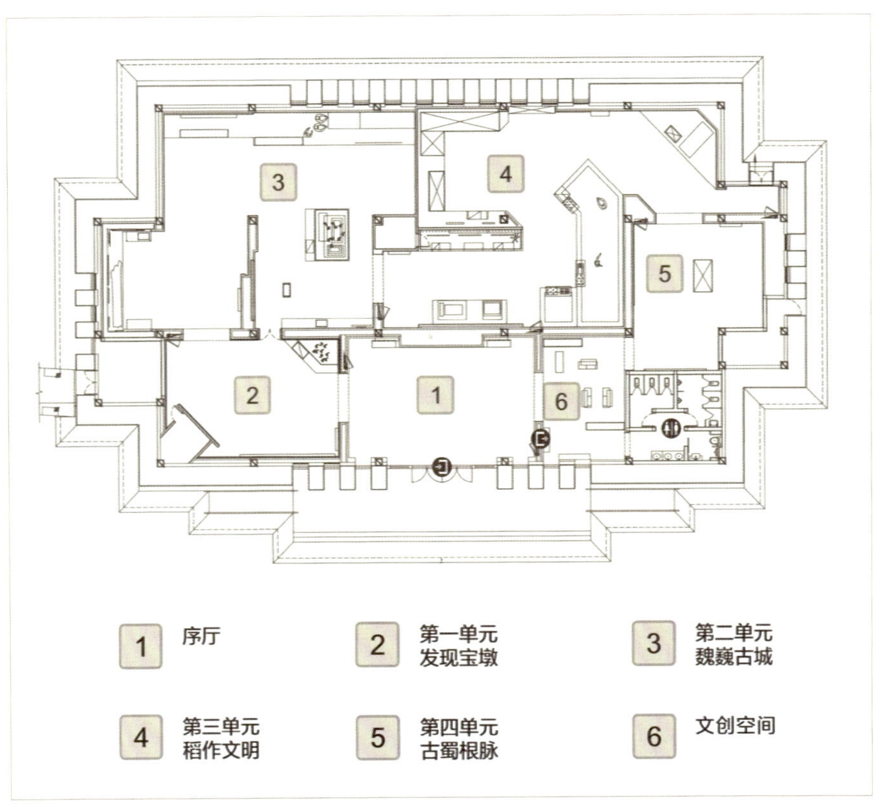

宝墩遗址展馆功能分区

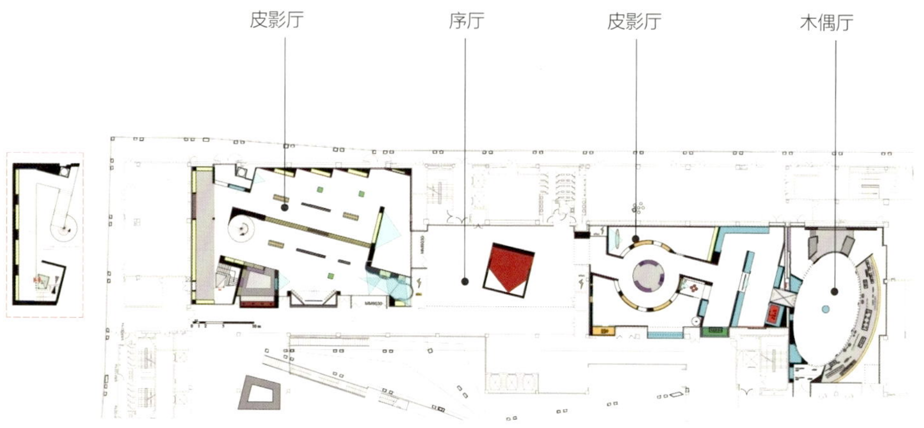

中国皮影博物馆平面布局

平面布局

博物馆的平面布局是指展览内容在平面上的空间分布和组合方式，旨在创造富有层次的观展体验。构建合理的平面布局，需把握以下两个核心要素：

内容权重平衡

依据各展示板块的重要性及意义，合理分配展厅空间，确保展览的核心价值与重要内容在平面布局中占据焦点位置。

展项布局合理

科学定位重点展项，如艺术场景、雕塑、绘作及互动多媒体装置等，在空间内实现最优化的点位布局，促进展品间的对话与共鸣，形成和谐、整体的展览生态。

参观动线

参观动线是指观众在博物馆内参观的路线和顺序。合理的参观动线应充分考虑观众的参观效率和学习需求，使观众在有限的时间内尽可能多地了解博物馆的展品及其相关信息。需把握以下两个要素：

主题明确

参观动线应围绕博物馆的展览主题展开，通过不同的展厅呈现不同的内容板块，依次展开，层层递进，使观众在游览过程中能够跟随主题脉络，深刻理解展览的核心思想与文化价值。

循序渐进

参观动线应符合大众的认知规律，遵循循序渐进的原则。参观动线的顺序与节奏设计不同，产生的效果也不同。一般来说，博物馆动线设计依从从简单到复杂的理念，由浅入深地引导观众了解展品及其相关知识。

综上所述，明确功能分区、合理布局平面以及设计科学的参观游线是博物馆设计中的重要环节。它们共同构建了博物馆的空间结构框架以及确保观众体验的最优模式，对于保证博物馆的展览效果和服务质量具有重要意义。

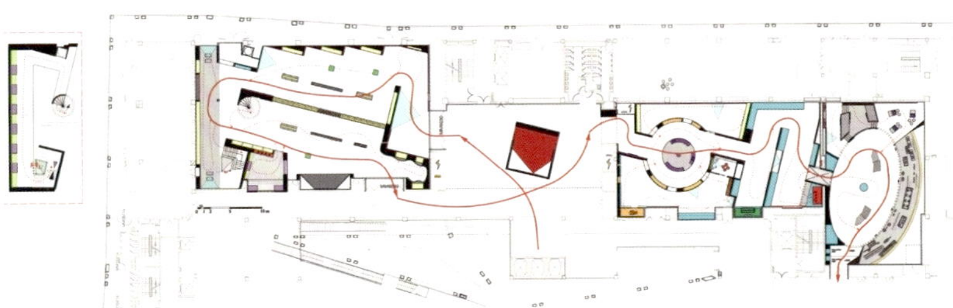

中国皮影博物馆参观动线

蒲江博物馆展览风格

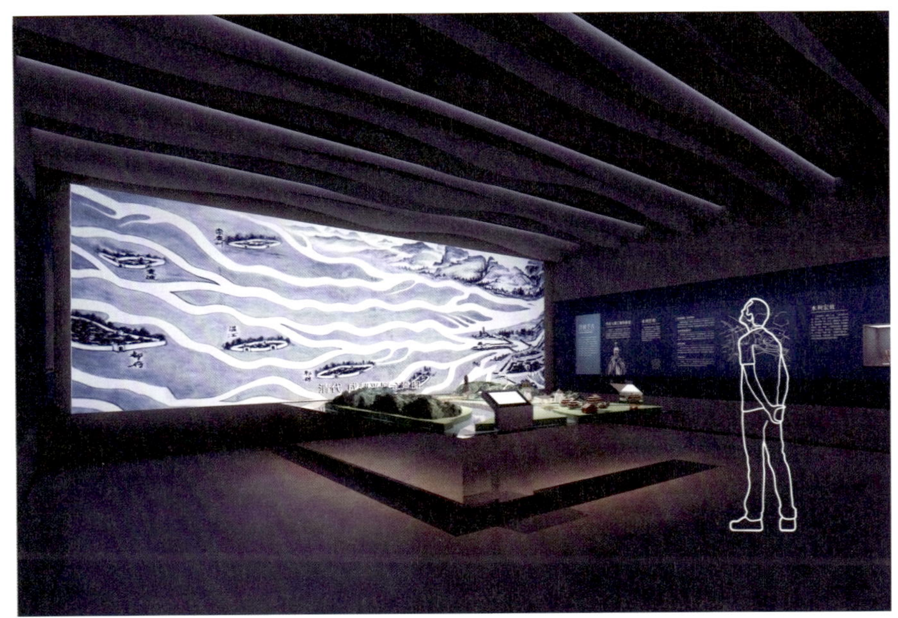

中华农耕文明馆展览风格

风格调性

在概念设计阶段，需明确展览的整体风格调性。一般来说，展览风格根据展览主题与内容而定，通过艺术化的视觉语言，凸显各博物馆独有的文化标识与展览特色。例如，对于追溯历史文化的展览，应倾向于营造一种古朴典雅、深沉厚重的氛围，以彰显其深厚的历史积淀。明确展览风格不仅是对展览主题的诠释，更为后续空间形式设计的具体实施奠定了坚实的创意基础，确保展览在空间视觉上能精准传达展览内涵。

千宫
THOUSAND
大明宫三大正殿

大明宫遗址博物馆展览风格

招采流程——定效果

THE BIDDING AND PROCUREMENT PROCESS

在招采流程中，业主单位需严格遵循法律法规，公开透明地完成设计单位的招标工作。确定设计单位后，应迅速启动空间效果设计方案的深化、审定工作。

效果设计方案的确定是展览筹备的核心枢纽，它是对展览最终形态的直观预演，确保展览效果符合预期。展览的空间设计从初设到定稿是一个较为漫长的过程，在此期间，展览公司与业主单位需建立起紧密的沟通机制，展览公司须了解业主单位对展览效果的期望与愿景，基于项目造价、周期等硬性要求，完成设计方案。

效果设计方案需要通过业主单位组织的评审会议，最终形成定稿方案。设计方案确定后，需绘制审定施工图，确保每一笔线条都精准对应设计方案。

工作清单

业主单位	展览公司
设计方案评审	完成方案设计
确定监理单位	完成施工图
确定过控单位	配合图审
确定图审单位，进行图审	编制预算清单
清单评审，认质认价	资料提供

设计方案定稿

效果设计方案

效果审定

直观表达展厅的最终呈现效果。

内容布局

空间设计

施工图设计

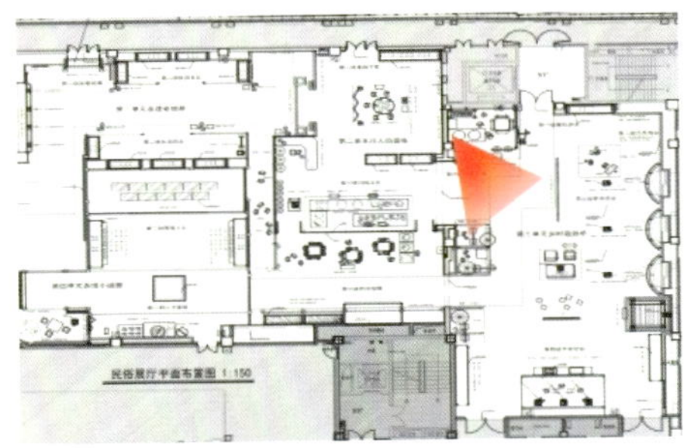

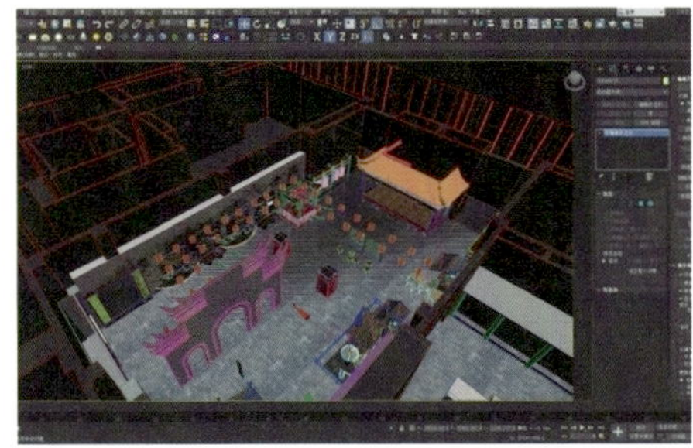

内容布局　　三维建模

空间设计效果

现场实施效果

内容布局

在效果设计方案之初，首要任务是完成展览内容在空间内的布局。这一过程依据已确立的展览大纲与平面布局蓝图进行，确保每一步都有的放矢。

内容布局的核心在于精确界定展览中所有展示元素——图文展板、展品、艺术与多媒体展项及照明设施等的具体位置与布局，以确保展览内容能够和谐统一地融入空间之中，实现内容与形式的完美融合。

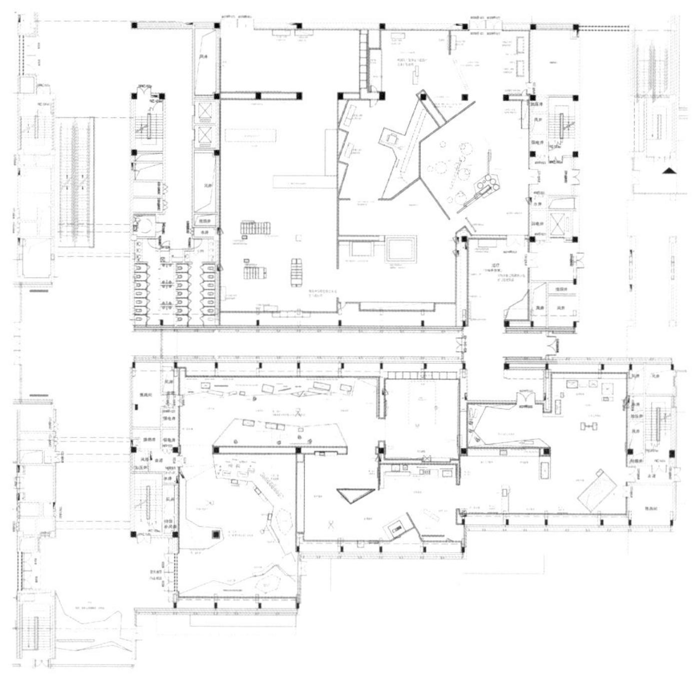

中华农耕文明馆平面布置图

中华农耕文明馆空间设计效果图

空间设计

展览空间设计是博物馆视觉呈现的核心，涉及展览区域的总体规划、布局设计、色彩协调、材料选用以及照明配置等多个维度。我们需通过这些设计元素的综合运用，打造一个既凸显展览特色又能够触动观众情感共鸣的空间。

通过展览区域的总体规划，确保各展区间逻辑流畅、衔接自然，使展览内容之间的联系得以清晰展现，引导观众沿预设路径顺畅参观。

色彩与材料的恰当选择，能够营造出与展览主题相呼应的环境氛围。色彩作为情感的载体，需与展览主题紧密契合。而材料的质感与纹理，则能进一步丰富空间的层次感与触感体验，使观众在视觉与触觉的双重刺激下，更加贴近展览的核心。

灯光的巧妙运用则能够突出展示重点，增强展品的视觉吸引力，营造出不同的光影效果，为展览增添一抹神秘或温馨的色彩。

施工图设计

形式设计方案确定后，首先需要绘制详细的施工图纸，包括平面布置图、立面图、剖面图、节点详图等，这些图纸共同构成了施工前的全面蓝图，为后续的施工过程提供了准确无误的技术指导与参考依据，确保了工程能够按照设计要求顺利进行，同时也有助于施工团队高效沟通、精准施工，最终达到预期的展览效果与质量标准。

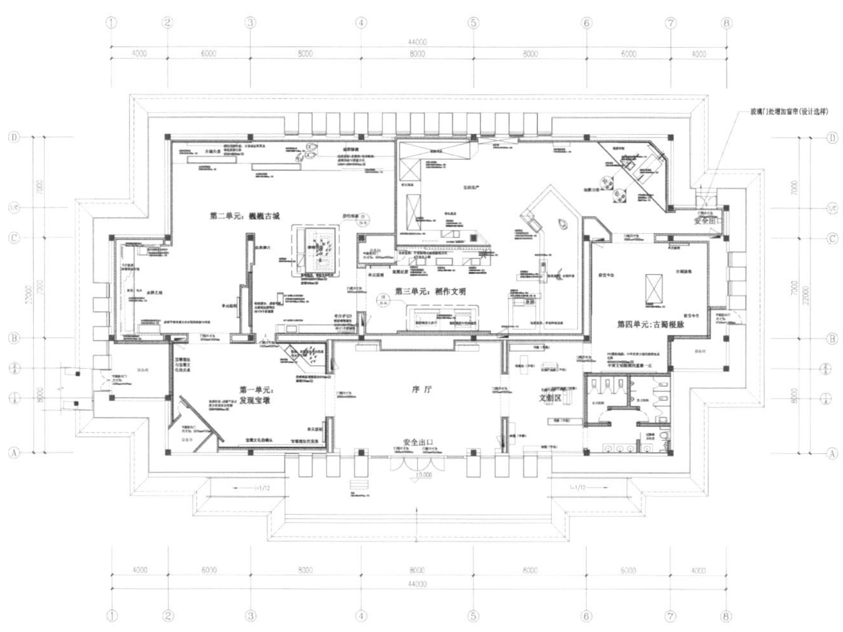

宝墩遗址展馆施工图设计（平面布置图）

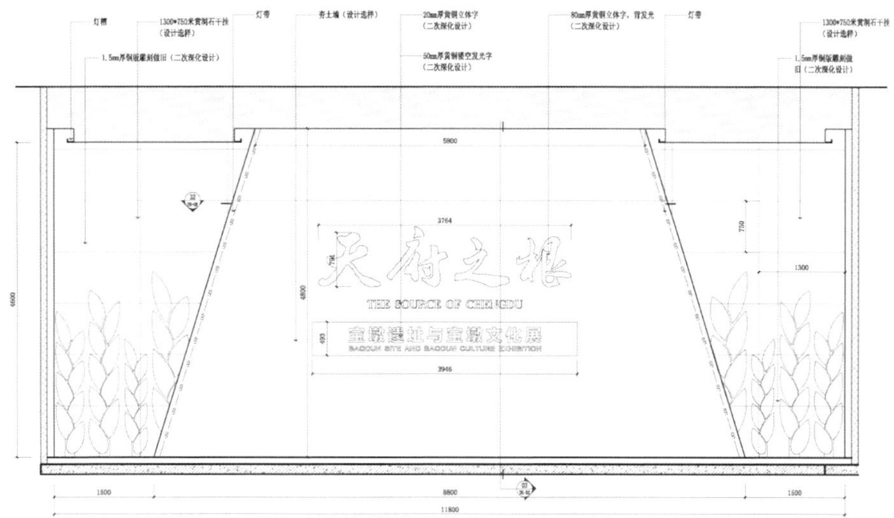

宝墩遗址展馆施工图设计（立面图）

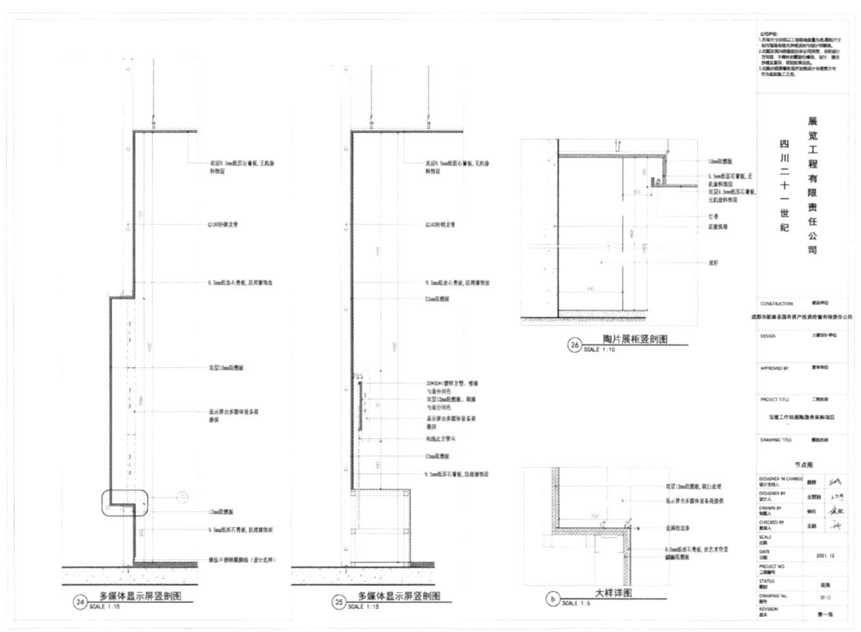

宝墩遗址展馆施工图设计（剖面图）

深化实施——定细节

DEEPEN THE IMPLEMENTATION

博物馆展陈项目的深化实施，存在于项目落地的执行阶段，这一阶段的工作最为繁杂。项目的进场施工与深化设计方案同步推进。深化设计主要包括展览文本细化、立面排版设计、展柜展品设计、艺术展项设计（场景、模型、雕塑等）以及多媒体技术融入，每一项深化设计力求深入展览的肌理，既确保信息传递的准确无误，又追求视觉呈现的艺术美感，实现内容与形式的和谐共生。

此外，展览所用硬件设施设备的采购、安装，工程资料的完善，都是实施阶段的重要工作。在实施过程中，高效的跨部门协作与精准的时间管理是保证项目按时完成的前提，合理的工期安排能确保整个项目循序推进、高效实施的效率。

工作清单

业主单位	展览公司
补充资料提供	完成专项深化设计方案
签审专项设计	1. 展览文本
	2. 立面设计
	3. 展柜展品
	4. 辅助展项
	5. 照明设计
选材选样	现场放线、节点打样
进度节点把控	细化施工工期表
	硬件设备采购
	施工组织、实施
现场布展	现场安装调试，协助布展

深化设计方案

细节审定

深度配合落实细节，指导实施。

展览文本

立面设计

展柜展品

辅助展项

照明设计

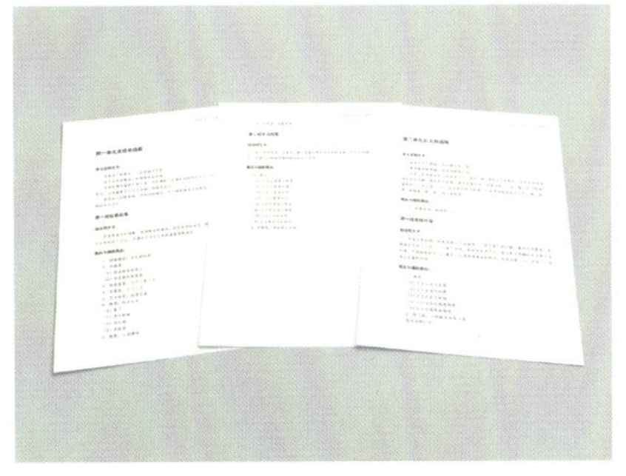

展览文本

立面设计

展柜展品

辅助展项——艺术方案

辅助展项——多媒体方案

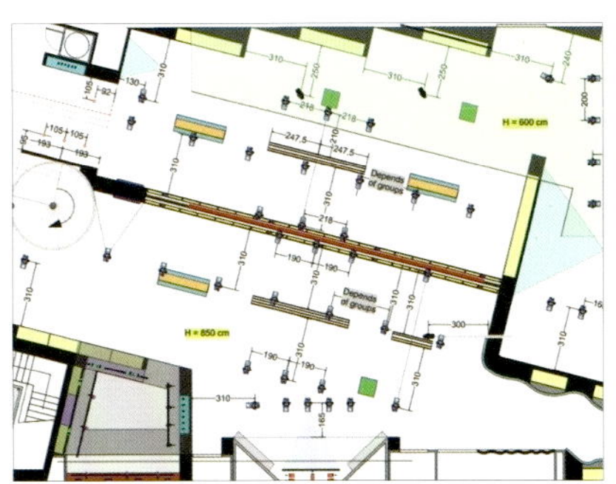

照明设计

展览文本

在展览大纲的基础上进一步补充搜集资料，细化具体图文内容，将原始材料文字转译为展览语言。在细化文本的同时，需明确文本中所有展示内容的最佳呈现形式：是选择沉稳大气的展板，以文字与图像的和谐搭配讲述故事，还是借助多媒体技术的力量，通过动态影像、互动装置等形式，让历史活灵活现、知识触手可及？这一决策，不仅关乎展览的视觉效果，更影响信息的传达效果与观众的体验深度。

细化的展览文本是后续展柜展品、立面设计等工作开展的创意基础与逻辑起点。

参考资料

文本格式

目录

包括前言、部分、单元、结束语及附件等，并标注页码。

正文

包括展览名称、前言、部分标题及部题文字、单元标题及单元文字、展品组及展品说明，知识窗，展品说明牌，译文，结束语等内容。

附件

包括展品清单、内容设计团队名单、延伸设计建议、专家座谈会纪要等。

行文规范

展览文本内容应准确可靠、简练易懂。

展览文本评估

能否准确阐释和体现展览主题并成为观众喜爱的展览。

结构是否合理，文字是否精炼，与展品的契合是否得当。

是否具有可操作性，并对形式设计、教育活动、文创产品开发等起指导作用。

由专家组进行评估。

资料来源：
中华人民共和国文物保护行业标准：《博物馆展览内容设计规范》，中华人民共和国国家文物局 2019 年 1 月 31 日发布。

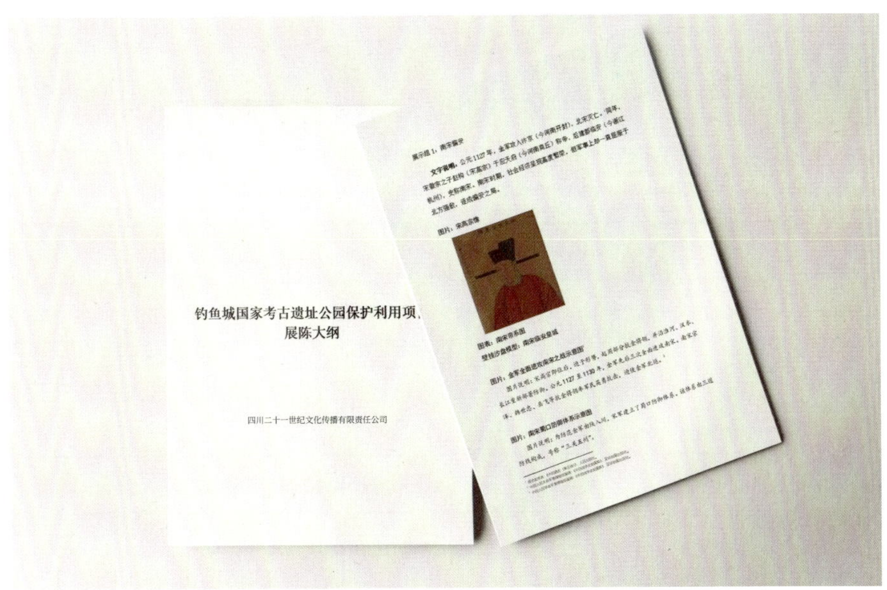

钓鱼城遗址博物馆深化文本（部分）

第四单元 茶馆小成都

文庙后街新茶馆，四时花卉果清幽。

最怜良夜能招客，羊角灯辉闹不休。

成都是最早种植、饮用茶叶的地区之一。千百年文化传承，不仅让成都名茶名扬天下，更让茶馆成为一种独特的文化现象。茶在成都人生活中占据重要地位，从古至今，成都人饮茶方法历经数变，唯有茶香浸润的悠闲生活和市井风情一脉相承。

第一组 三才盖碗

天下茶馆数四川，四川茶馆数成都。茶馆，是成都城内外一道特别的风景。成都人爱喝茶，爱泡茶馆，茶馆遍及成都的街头巷尾。

成都茶铺之多……省城共计四百五十四家（清末）。

成都街道、茶馆、人均统计（20 世纪 20 年代末）

分区	有茶馆街道数	茶馆数	人口数	每千人拥有茶馆数
1（东区）	78	128	65525	95
2（东区）	73	133	75739	76
3（东区）	44	107	46195	31
4（东区）	83	136	74177	83
5（东区）	58	137	41259	32
总计	336	641	302895	317

成都茶铺统计表（1931 年 8 月）

茶铺	261户
茶案	3088只
茶碗	29551 只
每日消耗茶叶	792 斤
每日消耗柴炭	25699 斤
每日消耗水烟	134 元
饮茶贩主	203716 人
每日伙夫挑水人	870 人

成都户口调查表（1933 年）

总数	440759 人
男	221189 人
女	219570 人

立面设计

立面设计的展开，应以施工图和展览文本为基础，其中包括立面造型、图文版式等。在这一过程中，不仅需注重立面的创意造型，力求其既符合空间美学的原则，如比例和谐、线条流畅，又要彰显展览的独特风格。还需精心设计图文版式，合理规划布局文字与图像，排列组合美观巧妙，确保信息的传达直观并有吸引力。文字应简洁明了，直击要点，而图像则需生动有力，能够瞬间抓住观众的注意力。

七曲山大庙博物馆立面图

交子金融博物馆立面图

节孝牌坊

九襄石牌坊位于南方丝绸之路的官马大道上，有"成都出南门第一坊"美称，2013年被国务院批准为全国重点文物保护单位。九襄石牌坊建于清朝道光二十九年（1849年），距今有180多年的历史。牌坊高约11米，宽约10米，材质为红砂石，四柱三空，多有飞檐，多为镂空或半镂空，雕刻技艺精湛。据《汉源县志》记载，该牌坊为拔贡黄体诚为旌表其母、媳所建，称"双节孝"。

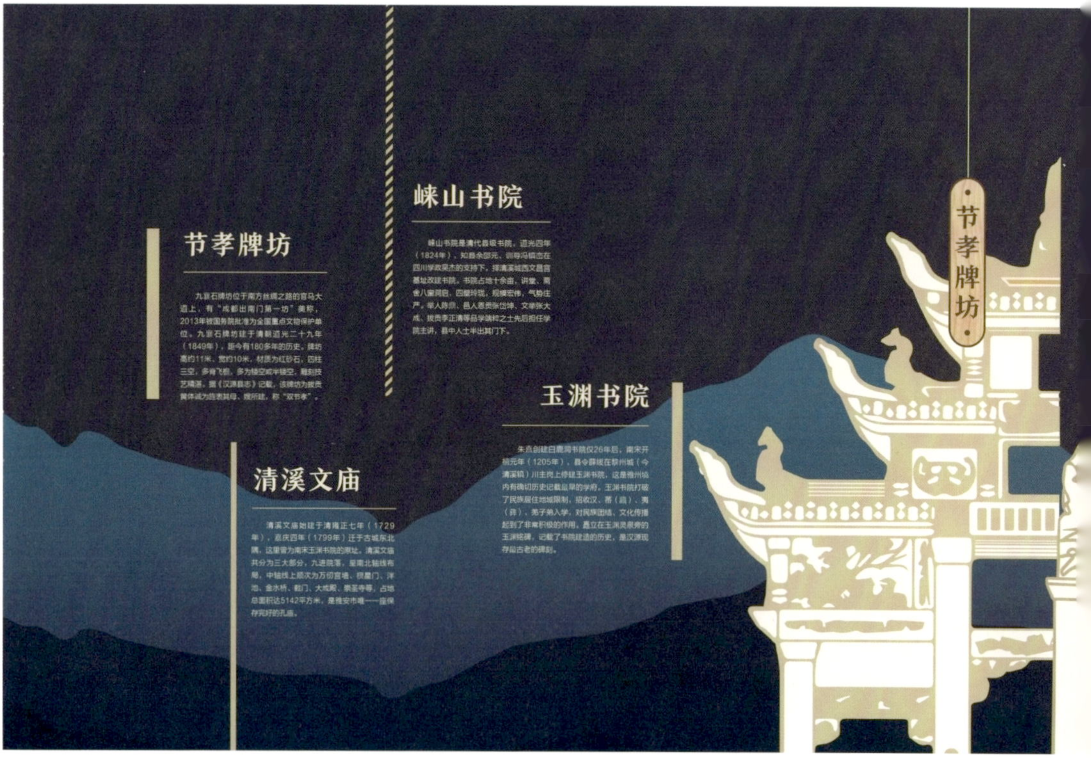

峡山书院

峡山书院是清代县级书院，道光四年（1824年），知县余郎元、训导冯镇峦在四川学政吴杰的支持下，择清溪城西文昌宫基址改建书院。书院占地十余亩，讲堂、斋舍八窗洞启，四壁玲珑，规模宏伟，气势庄严。举人陈鼎、邑人恩贡张岱坤、文举张大成、拔贡李正清等品学端粹之士先后担任学院主讲，县中人士半出其门下。

清溪文庙

清溪文庙始建于清雍正七年（1729年），嘉庆四年（1799年）迁于古城东北隅，这里曾为南宋玉渊书院的原址。清溪文庙共分为三大部分，九进院落，呈南北轴线布局，中轴线上依次为万仞宫墙、棂星门、泮池、金水桥、戟门、大成殿、崇圣寺等，占地总面积达5142平方米，是雅安市唯一一座保存完好的孔庙。

玉渊书院

朱熹创建白鹿洞书院仅26年后，南宋开禧元年（1205年），县令薛绂在黎州城（今清溪镇）川主岗上修建玉渊书院，这是雅州城内有确切历史记载最早的学府。玉渊书院打破了民族居住地域限制，招收汉、番（藏）、夷（彝）、羌子弟入学，对民族团结、文化传播起到了非常积极的作用。矗立在玉渊灵泉旁的玉渊铭碑，记载了书院建造的历史，是汉源现存最古老的碑刻。

节孝牌坊

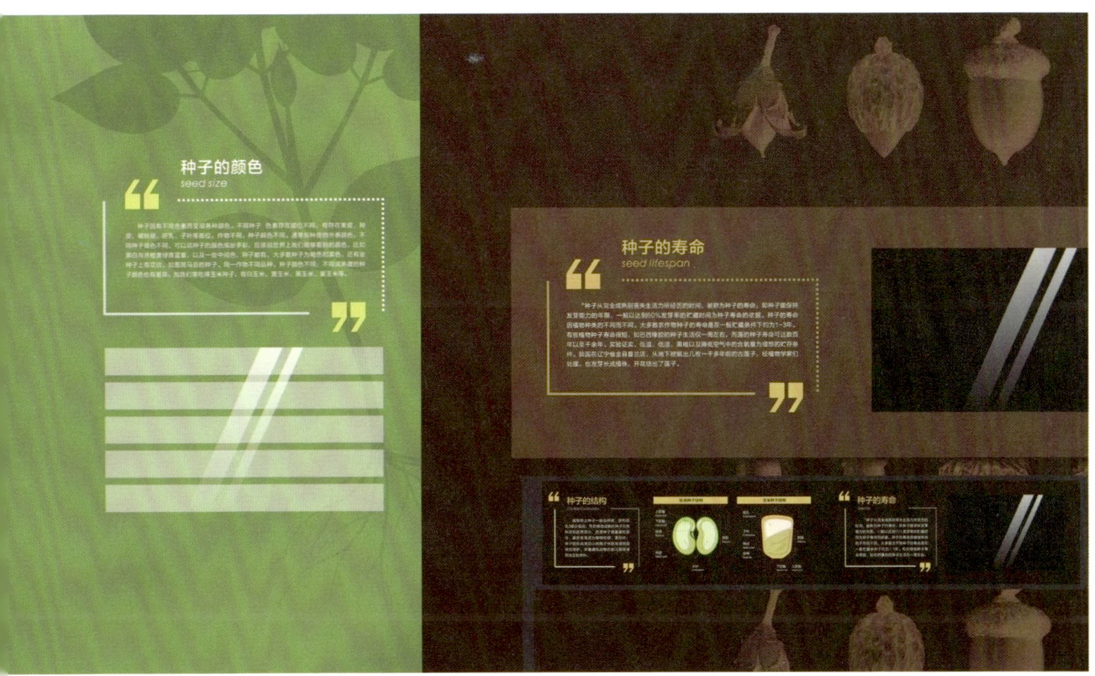

种子博物馆立面图

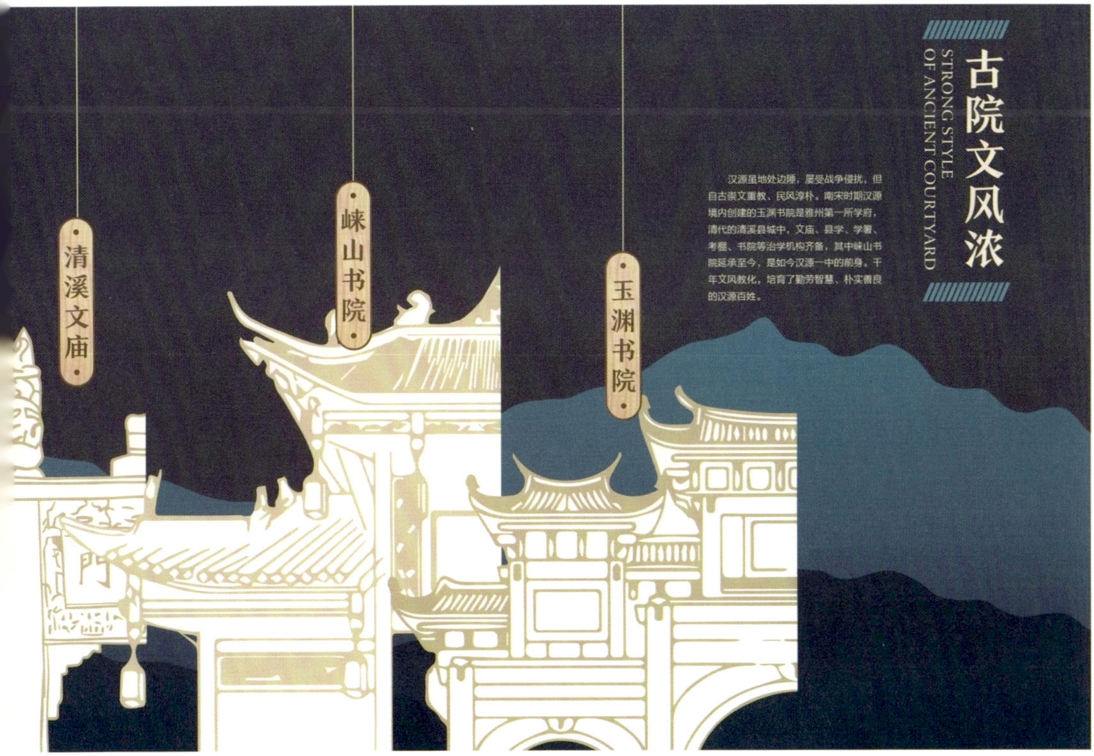

古院文风浓

STRONG STYLE OF ANCIENT COURTYARD

汉源虽地处边陲，屡受战争侵扰，但自古崇文重教、民风淳朴。南宋时期汉源境内创建的玉渊书院是雅州第一所学府，清代的清溪县城中，文庙、县学、学署、考棚、书院等治学机构齐备，其中嵘山书院延承至今，是如今汉源一中的前身。千年文风教化，培育了勤劳智慧、朴实善良的汉源百姓。

清溪文庙

嵘山书院

玉渊书院

汉源博物馆立面图

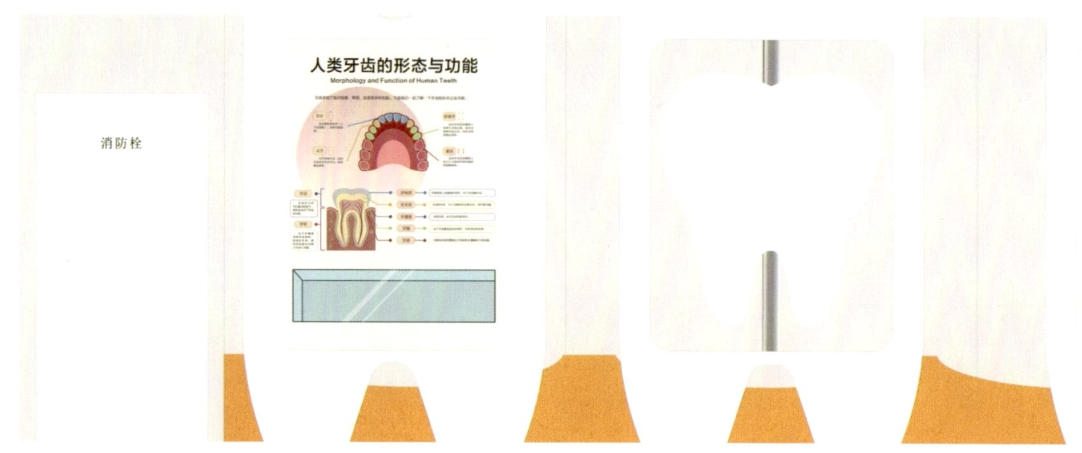

前言

华西口腔健康教育博物馆，是国内第一个口腔健康教育类专题博物馆，依托中国现代口腔医学的发源地——华西口腔，集萃优势资源，囊括百姓心声，创新口腔卫生健康知识传播形式，辐射大众，提高全民口腔卫生健康意识。博物馆通过图文及实物展示、口腔保健知识宣讲，以通俗易懂、喜闻乐见的形式普及口腔卫生保健知识，增强口腔健康科普的创新性、趣味性，提升全民口腔健康水平。

FOREWORD

The West China Museum of Oral Health is the first oral health education museum in China. Relying on West China Hospital of Stomatology,the birthplace of modern dentistry in China, the museum collects advantageous resources and includes the voices of people to disseminate oral health knowledge to the public in an innovative way and raise the awareness of oral hygiene among people. The museum popularizes oral health care knowledge through graphic and physical displays in an easy-to-understand and enjoyable way and enhances the innovation and attraction of oral health science, improving the oral health of the entire population.

华西口腔健康教育博物馆立面图

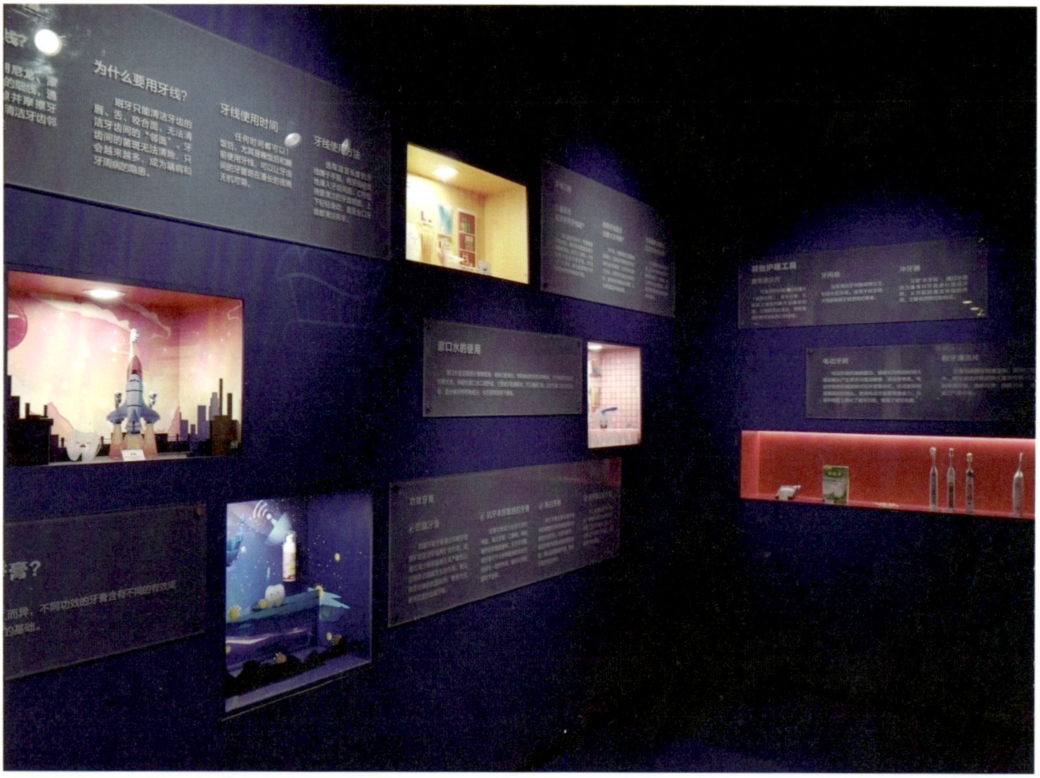

什么是
不良修复体?
What is a defective restoration?
不良修复体的危害
牙齿松动
牙齿损坏
牙龈牙周疾病

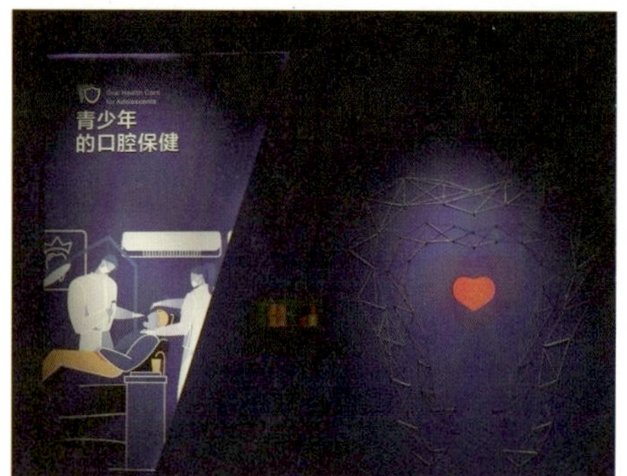
青少年
的口腔保健

华西口腔健康教育博物馆立面效果

西安唐皇城墙含光门遗址博物馆

长安游记

在西安唐皇城墙含光门遗址博物馆中，我们策划了“长安游记：一个外交使者眼中的长安”主题展示，从一个外交使者的视角出发，透过其在长安城的亲身经历与所见所闻，生动再现长安昔日的繁华盛景。整个版块构建了七个情景，包括“初入长安”“入住鸿胪”“麟德夜宴”“西市掠影”“胡姬酒肆”“日游曲江”“上元赏灯”。在视觉呈现上，我们巧妙融合了唐代壁画中的经典图案元素，对千年前的历史场景进行了创新性的再现，既深刻挖掘了文化底蕴，又展现出别开生面的新风貌。

西安唐皇城墙含光门遗址博物馆立面设计

西安唐皇城墙含光门遗址博物馆立面设计

参考素材

陕西懿德太子墓壁画原图

陕西章怀太子墓壁画原图

陕西苏思勖墓壁画原图

展柜展品

在这一阶段，基于展览主题与叙事需求，提出展品筛选建议，布局展品点位，完成展柜深化设计和展品展具陈列设计。

展品布局

利用高度、距离和视角变化营造空间层次感，将重要展品置于显眼位置，占据故事高潮点位。 次要展品则作为补充或过渡，穿插于主要展品之间，保持视觉连贯性，形成节奏平稳有序的视觉引导。

展柜深化

展柜的深化设计是保障展品安全、延长其保存寿命的关键步骤。因而须确保展柜材质坚固耐用，具备良好的防盗、防尘、防光、恒温恒湿功能，为展品提供一个稳定适宜的保存环境，保护展品免受损害。

金沙遗址博物馆展品布置

展具设计

合理运用色彩搭配与不同材质设计展具，突出展品特色与文化内涵，营造舒适和谐的观展氛围。同时为展品配备清晰、简洁的说明标签，包含名称、年代、来源、简介等信息，便于观众了解展品背景与价值。

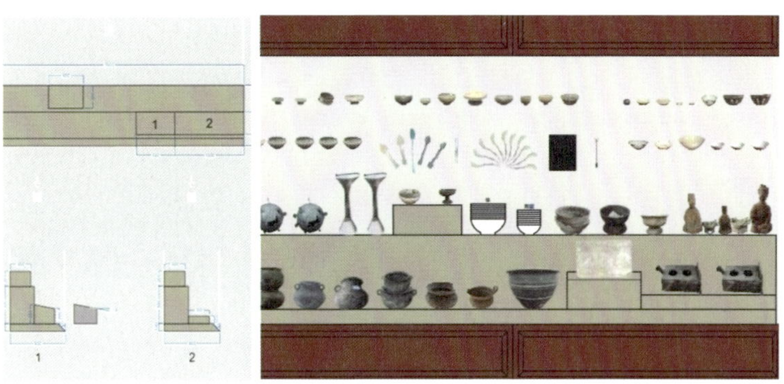

成都博物馆展具设计

序号	分类号	名称	数量	质地	出土地 / 征集地	级别	尺寸（厘米）	存放地	图片
14	MS7 -11-28	铜质烟袋	1	铜质	四川	未定级	长 23 宽 7	北湖民俗库房	
15	MS7 -11-29	民国皮制储烟袋	1	皮质	四川	未定级	长 10 宽 6	北湖民俗库房	
16	MS7 -11-14	黄杨木烟袋	1	木质	四川	未定级	长 39 宽 10	北湖民俗库房	
17	MS10 -8-34	烟杆	1	木质	四川	未定级	长 74	北湖民俗库房	

成都博物馆民俗展厅展品清单（部分）

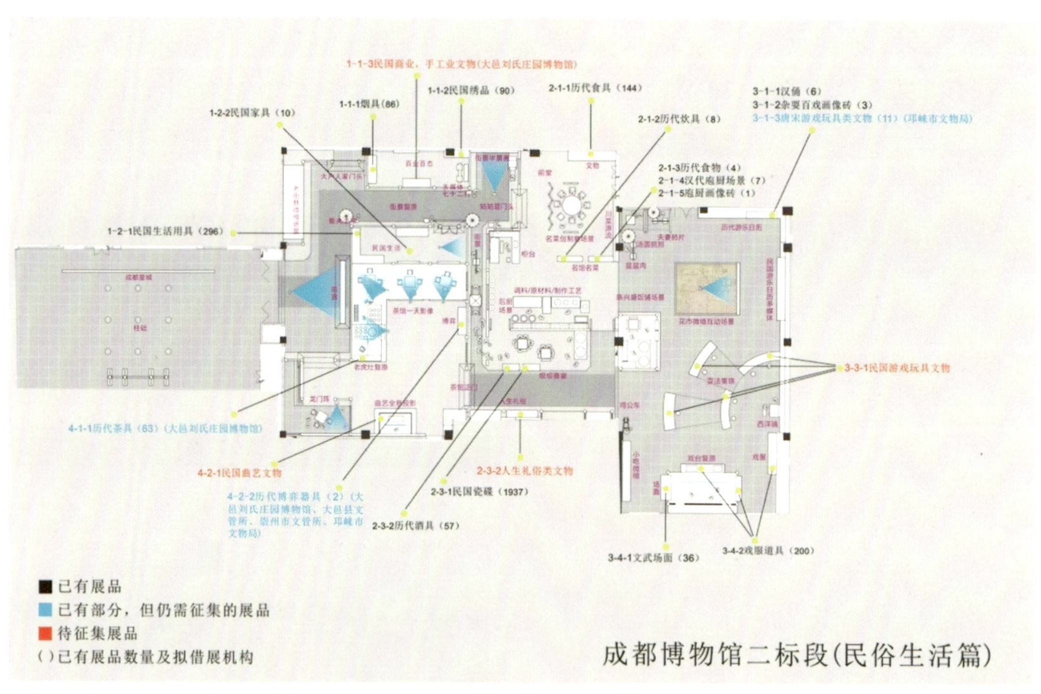

成都博物馆民俗展厅展品布置图

乐山大佛博物馆展品陈列

大明宫遗址博物馆展品陈列

中国皮影博物馆展品陈列

辅助展项

辅助展项是为了深入解读陈列展览内容，加强陈列展览效果和趣味性而创作、设计的除展品以外的展示项目，如展板、沙盘、模型、复仿制品、绘画、雕塑、场景复原、综合装置、多媒体项目等。

辅助展项制作要求

辅助展项的种类和艺术、技术手段繁多，应注重艺术性、科学性和安全性的统一。 采用多种技术手段的辅助展项的设定应谨慎，特别注意项目的形式与所要表达的内容的适合性，还要考虑操作系统及内容的升级维护。辅助展项应遵照《博物馆陈列展览形式设计与施工规范》第 6. 6 条的规定，重点把握以下几方面：

1）展板是陈列展览常见的辅助展项，以平面设计为主要手段，应以直接的设计手法，把握简洁、明了、清晰、准确的设计原则。

2）沙盘、模型等展项的设计，应比例准确，技术手段稳妥，材料耐久，操作维护便捷。

3）艺术品、场景复原、综合装置、多媒体项目等展项应聘请具有相应艺术水平及相关博物馆创作经验的创作人员承担。创作稿应经过内容创作人员、总体形式设计负责人，以及建设单位业务人员和主管领导的集体审议。艺术品的创作风格应符合形式设计的总体需求，强调历史真实性，一般以写实风格为主。承担艺术类展项创作的作者，应充分掌握历史考证、环境考察、生活体验等资料后着手构思创作。

4）综合装置（景观）常集合多种艺术创作，结合声、光、电、媒体、数字化等技术，应使用成熟技术设备。在综合创新和制作过程中，应详细论证，突出特色，注意设备在公共场合使用的耐受性、后期养护难度和运营成本等问题。

资料来源：
中华人民共和国文物保护行业标准：《博物馆陈列展览形式设计与施工规范》，中华人民共和国国家文物局 2019 年 1 月 31 日发布。

大明宫遗址博物馆

艺术场景

基于效果图方案，深入细化艺术展项的各项细节设计，并同步开展详尽的资料收集与补充工作，全面论证并优化展项设计方案的可行性与准确性。古代文献或珍贵图片资料，为设计提供了坚实的理论支撑。例如，在艺术场景的再现中无论是建筑结构的复原、人物服饰的选择，还是道具的打造，均严格遵循历史事实，力求每一细节都忠实于历史原貌，有史可依，有据可查，避免任何无根据的想象与虚构，以确保展项的历史真实性与艺术表现的完美结合。

成都博物馆民俗展厅卡片场景

Step1 · 效果设计

Step2 · 细节论证

Step3 · 深化设计

Step4 · 现场呈现

成都博物馆民俗展厅艺术场景

Step1 · 效果设计

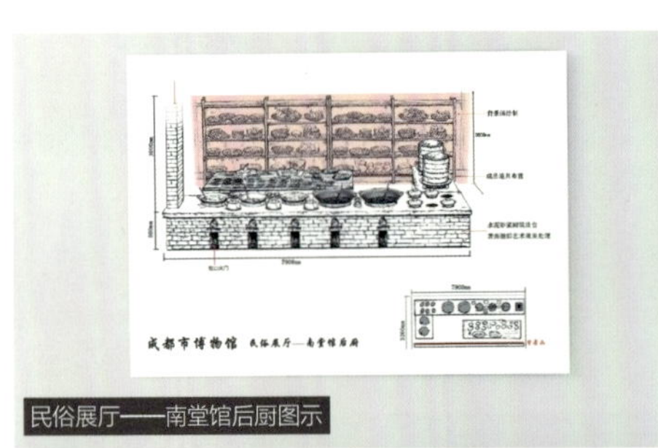
民俗展厅——南堂馆后厨图示

缺少史料支撑，请教相关领域专家对方案进行指导

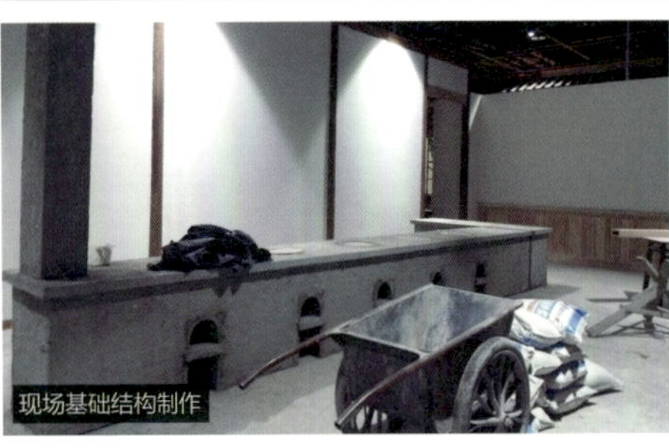
现场基础结构制作

主要道具进场、半景画绘制

Step2 · 深化设计

Step3 · 细节完善，灯光调试

成都博物馆艺术场景

成都档案馆艺术场景

成都博物馆艺术场景

梁平博物馆艺术场景

中华农耕文明馆艺术场景

重庆工业博物馆艺术场景

用光影构建的装置艺术

中国皮影博物馆合理利用展墙高度创作了一个坝坝皮影戏的宏大舞台，通过舞台化的光影表达，还原表演艺术的鲜活。舞台设计巧妙，在四面倾斜的斜面之上精心布置桌椅，中央则是投影墙。利用灯光的位置和角度变换让斜面上桌椅的影子创造出不同的动态光影效果。

中央投影墙被绚丽的投影影像全面覆盖，呈现出动画化的皮影，与真实桌椅形成了独特的互动关系。这一设计不仅生动展现了皮影戏中观众与舞台之间的紧密联系，更深刻地揭示了皮影艺术的深层内涵：实物在舞台之外，是现实世界的真实写照；皮影在戏中舞动，映射出事物被观看的另一面。

中国皮影博物馆装置艺术

中国皮影博物馆多媒体投影画面（1）

中国皮影博物馆多媒体投影画面（2）

中国皮影博物馆

成都博物馆民俗展厅艺术场景

人物雕塑

人物雕塑创作分以下几个步骤：

资料论证

首先，对方案设计中的人物形象进行资料搜集与论证。通过对比、分析历史文献、艺术作品、考古文献等相关资料，论证人物形象的背景、特征、服饰、姿态等细节，为后续的艺术创作提供坚实的基础。

艺术深化创作

在资料论证的基础上，进行艺术深化创作。这一步是雕塑设计从概念到实体的关键转变。必须在尊重历史的同时，追求卓越的艺术效果，对雕塑的形象、表情、动作等进行精细的构思与调整。通过不断的推敲与修改，使雕塑在保持历史真实性的同时，展现出独特的艺术魅力和感染力。

泥塑创作

泥塑是雕塑制作过程中不可或缺的一环，在泥塑创作阶段，需将完善后的雕塑设计转化为具体的泥塑作品，塑造出雕塑的每一个细节，包括人物的形象特征、服饰纹理、表情动作等。泥塑作品不仅是雕塑设计的最终呈现形式，也是后续制作（如翻模、铸造等）的重要基础。

资料论证

形象设计

泥稿大样

对人物形象的考据，通常借助于地方史志类等图书文献完成。如本页所展示的成都博物馆民俗展厅的近代人物形象参考的是清代傅崇矩所著《成都通览》，他手中的物品则是参考文物实物完成的设计。

呈现效果

成都博物馆人物雕塑

沙盘模型

沙盘模型的制作首先需明确模型的展示范围，并据此搜集资料作为设计依据。随后，依据平面图纸与空间效果图，计算出模型的微缩比例，以确保其在特定空间内既符合视觉审美，又能准确传达设计意图。在此基础上，通过模型的材质选择、色彩搭配以及表现技法等元素的综合运用，使模型在质感、色彩及整体呈现上均达到最佳效果。

Step1 · 效果设计

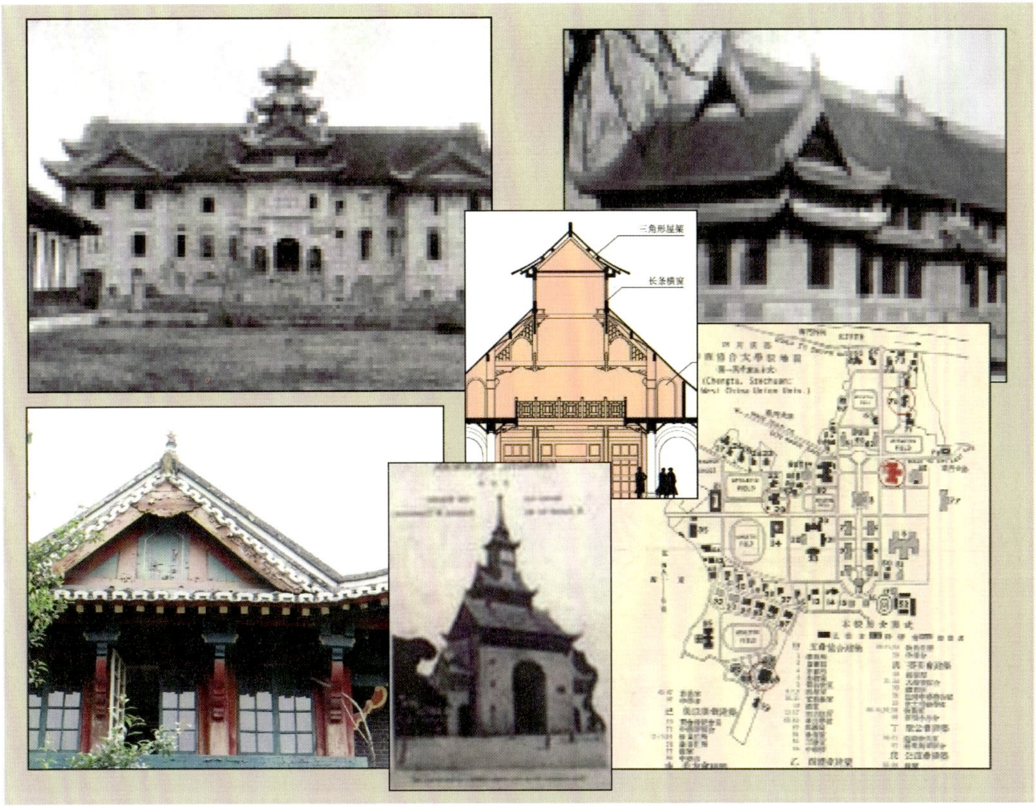

Step2 · 资料补充论证

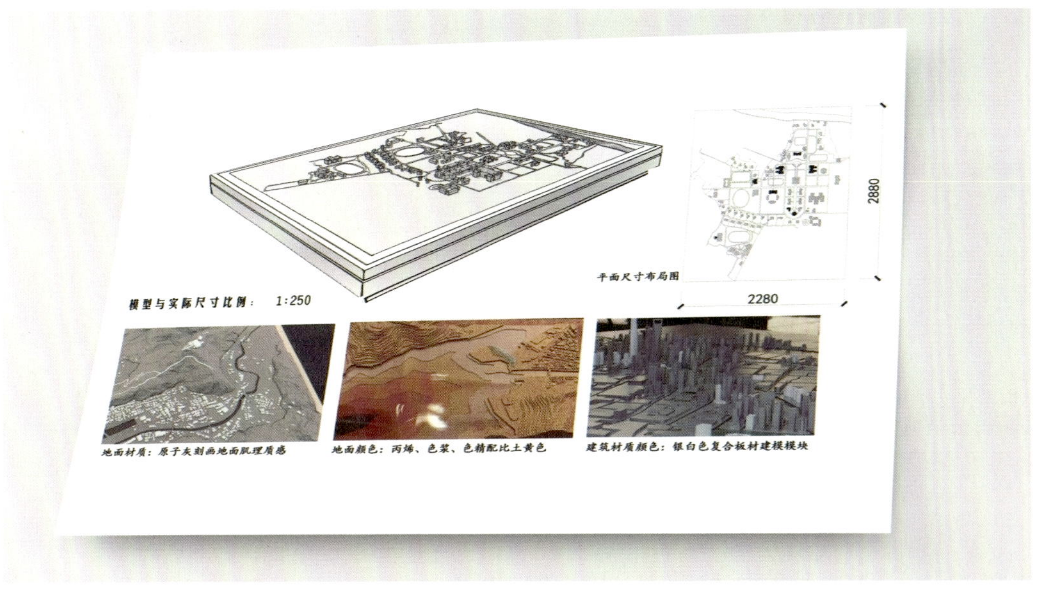

Step3 · 深化设计

Step4 · 场外制作

Step5 · 场内实施

成都永陵博物馆模型

宝墩遗址展馆模型

酒楼

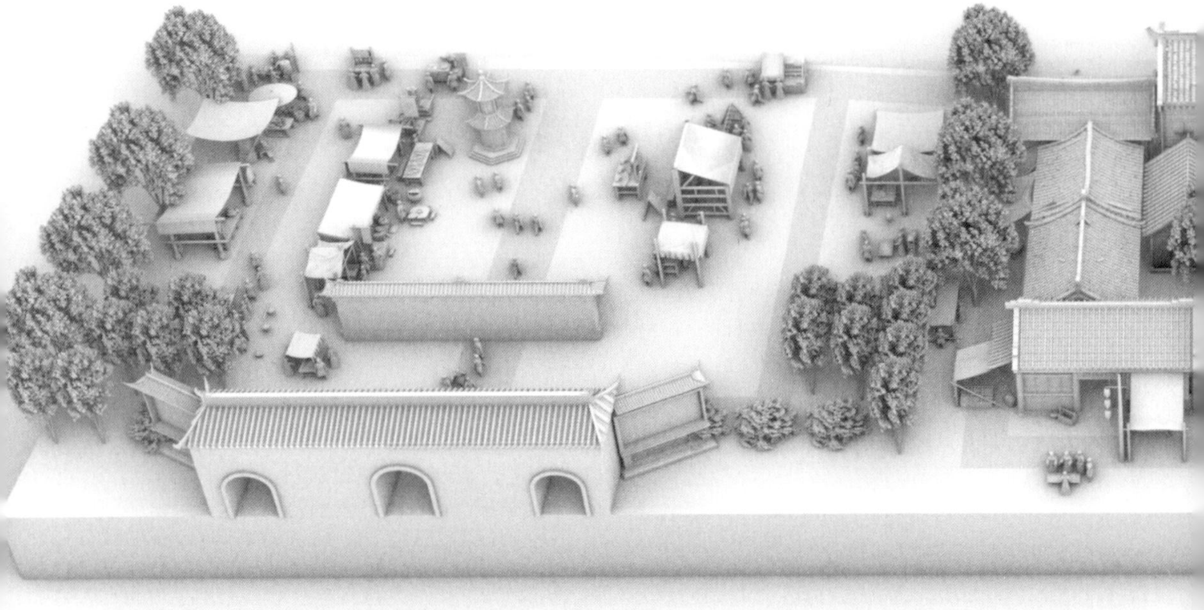

酒楼　　楼阁　　茶楼

交子金融博物馆微缩模型

质库

多媒体影片

撰写并确认影片方案

表现形式，影片时长与结构，解说词，分镜脚本。

影片制作

配音选样，拍摄、剪辑、包装，三维建模， 画面渲染，后期合成，输出与现场调试。

撰写并确认影片方案

表现形式

作为影片创作的第一步，需明确展现形态，无论是真实的纪录片、创意新颖的动画片、精炼紧凑的微电影，还是旨在推广的宣传片，乃至探索新兴领域的视频类型，表现形式的选择都将直接影响到后续的创作方向和风格定位。

影片时长与结构

这一阶段，需要规划影片的总时长以及各个部分（如开头、主体、高潮、结尾）的时长分配。合理的时长结构能够使影片内容紧凑、节奏适中，增强对观众的吸引力，使观众沉浸于影片中。

解说词

解说词是影片中用来解释、说明或引导观众理解画面的文字或语音内容。撰写解说词时，需要密切结合影片内容，用语简练准确、富有表现力，与欲传递的信息高度契合，蕴含一定的文化内涵，保持与影片风格的协调统一。

分镜脚本

分镜脚本是影片制作的蓝图，它将影片内容分解成一系列具体的镜头画面，并标注出每个镜头的拍摄角度、运动方式、时长等关键信息。通过分镜脚本，制作团队可以清晰地了解影片的整体布局和每个细节的处理方式，确保影片从构想到实现的顺畅衔接。

影片制作

配音选样

在影片制作过程中，配音扮演着重要角色。配音选样需要从众多配音演员中挑选出最适合影片角色或旁白的人选，并录制所需的语音内容。配音的质量将直接影响影片的听觉效果和观众的情感体验。

拍摄、剪辑、包装

对于实拍类影片，拍摄是获取原始素材的关键步骤，它直接决定了素材的原始质量。剪辑则是将拍摄到的素材按照分镜脚本进行拼接、调整，以形成连贯流畅的影片。视觉包装则助推影片升华：通过添加字幕、特效、音乐等元素，以提升影片的视觉效果和观赏性。

三维建模、画面渲染

对于涉及三维动画或特效的影片，需要进行三维建模和画面渲染。三维建模指通过计算机软件构建出逼真的物体或场景的过程。画面渲染则是将这些三维模型渲染成二维图像，使其看起来更加细腻、生动，为影片增添视觉深度。

后期合成

在影片制作的后期阶段，需要将实拍素材、三维动画、特效等元素进行合成处理，以形成最终的影片效果。这一过程需要运用专业的后期合成软件和技术手段，确保各个元素完美融合。

输出与现场调试

将制作完成的影片输出为多种播放格式，以适应不同设备与环境的需求，并进行现场调试。现场调试主要是检查影片在不同播放设备和环境下的表现效果，以确保其能够顺利播放并达到预期的观赏效果。

茶馆龙门阵

李劼人《梦痕——辛亥忆旧中的几缕》

甲：今年真怪！听老年人说起来，也说成都四十几年来，没有像今年这样冷过，照规矩，在赶青羊宫的时节，是应该穿湖绸夹衫，拿折扇的了。今年还要穿狐皮，还要向火，像今天这样晴和，能坐在这里吃茶，眼中稍微有点春意的天气，差不多半个月以来所没有的！

乙：今年果然不同，往年这时，桃花不已大放了吗？

丙：今年重庆也落了雪，并且前后三天，你说啦！

乙：天时到底也有大变动的，与人事一样。老哥，你可记得辛亥年才有这少城公园时，是啥光景？如今二十五年，变得还有点痕迹吗？

甲：你提起了辛亥年的事，恰好我正打算把那年的变动写一个大概出来，只是材料太不够。光凭记忆，不要又弄成郭大头的《反正前后》，那才糟糕哩！

乙：你说到《反正前后》，我好像看过一眼这本书。郭大头把二十年后的思想行动，生生地装在那时人的脑里身上，说不定也就是他的价值所在。只是我们不懂，不懂的就不谈了。我只问你，要写的已着了手不曾？

甲：写是写了一点。

丙：这藤包里是啥子？

甲：就是不成片段的稿子。

乙、丙：写得有同志会吗？

甲：那是骨干，现在正写到同志会成立的那一天。

乙：那天，我是参加过来的，拿给我看看。

丙：我还记得辛亥年城外草堂寺侧，尚有个公园，就是那年被同志军打毁的。……

二维动画影片：分镜脚本

C01	画面亮起，乡下人在小路上穿着破衣服行走，场景切换至夜晚，表现乡里人穿着好衣服睡；			甲：乡间的人不敢穿好衣服，夜晚则穿起睡。	10
C02	画面表现，城里人在外穿正装梳油头到晚上却脱得只剩裤衩一股脑钻进被窝；			乙：省城的人衣服极力求好，夜晚脱完盖起铺盖睡。	10
C03	画面表现，夜里窗外黑洞洞，明月挂空，四下没有一星半点，乡里人将门窗紧闭，背着娃娃坐着床沿打瞌睡；			甲：乡间人怕匪人抱童子，背起娃娃不敢睡。	10
C04	画面表现，城里窗外夜里霓虹闪，娃娃躺摇篮，先生搂着太太腰肢，有说有笑地去了床上；			乙：省中一点不害怕，放着娃娃，抱到太太睡。	10

实拍影片：棚内 / 实景拍摄

三维影片：模型制作

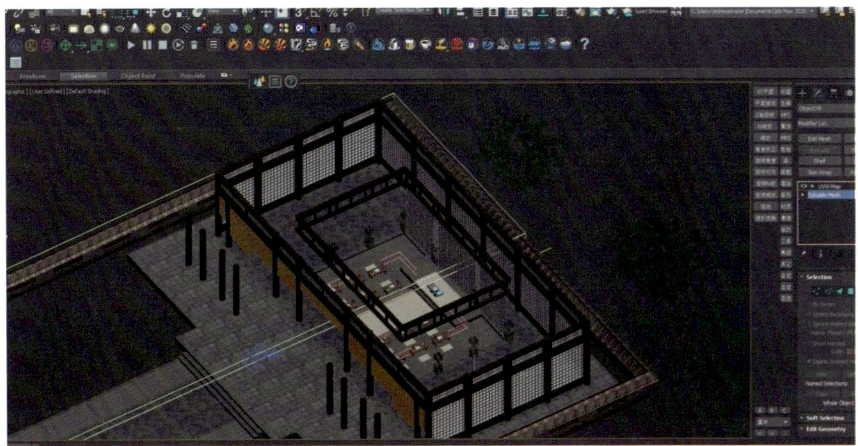

成都博物馆民俗展厅幻影成像《茶馆的一天》

中华农耕文明馆多媒体影片《水润天府》画面

（东晋）常璩《华阳国志·蜀志》

蜀守李冰凿离堆，穿两江，为人开田，百姓享其利。

（西晋）左思《蜀都赋》

穿二江成都之中。此渠皆可行舟，有余则用溉浸，百姓飨其利。

（西汉）司马迁《史记·河渠书》

李冰凿离堆，开成都两江，溉田万顷。——（东汉）应劭《风俗通》

蜀守李冰凿离堆，通二江，益部至今赖之。——（东汉）崔寔《政论》

中华农耕文明馆多媒体影片《水润天府》画面

交互多媒体

内容框架、资料完善与整合、界面设计、程序制作、软硬件综合调试。

内容框架

内容框架是设计的基础，它决定了多媒体作品的整体结构和信息呈现方式。内容框架通常包括主要内容和章节，确保信息传递的完整性和逻辑性。

资料完善与整合

在多媒体创作过程中，资料收集扮演着不可或缺的角色。这一过程涵盖广泛搜集原始素材、精心筛选并适时增补，旨在打造充实、准确无误的展示内容。通过细致入微的资料整理工作，力求每一项多媒体的内容都鲜活呈现，丰富观众的认知体验。

查询内容框架

一、菜名

1. 正餐

宫保鸡丁、樟茶鸭、开水白菜、红烧牛头方、家常海参、干烧岩鲤、软炸扳指、玫瑰锅炸、鱼香肉丝、回锅肉、 水煮牛肉、豆瓣鱼、酸辣豆花、麻婆豆腐

2. 小吃

赖汤圆、夫妻肺片、龙抄手、担担面、三大炮、怪味鸡片、叶儿粑

二、名馆

聚丰园、正兴园、枕江楼、颐之时、竹林小餐、荣乐园、姑姑筵、春和园、醉陶村、朵颐、味之腴

三、名厨（按出生年月调整排序）

蓝光鉴、黄敬临、罗国荣、戚乐斋、刘建成、王海泉、王景林、黄子云、陈麻、张松云、孔道生、刘读云、朱维新、曾国华、华兴昌、毛齐成、黄绍清、范俊康

成都博物馆民俗展厅查询屏内容框架

界面设计

界面设计是提升交互体验的核心，它直接影响到用户体验的好坏。界面布局应保持直观性与逻辑性，让信息一目了然，引导观众迅速导航至兴趣内容。整体设计应保持一致性，包括色彩搭配、字体样式、图标风格等，提升用户的认知效率。同时，界面操作应遵循人性化原则，简化操作流程，符合用户的操作习惯和心理预期，降低用户的学习成本。

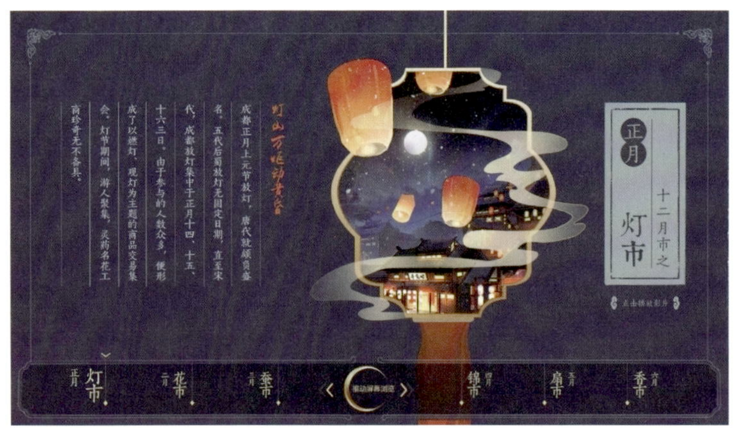

交子金融博物馆多媒体界面设计

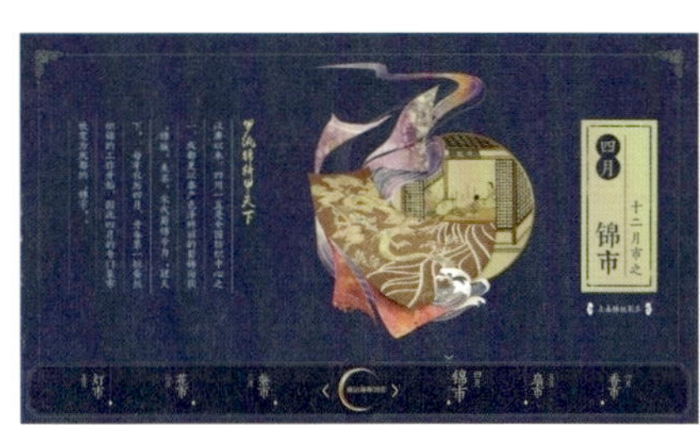

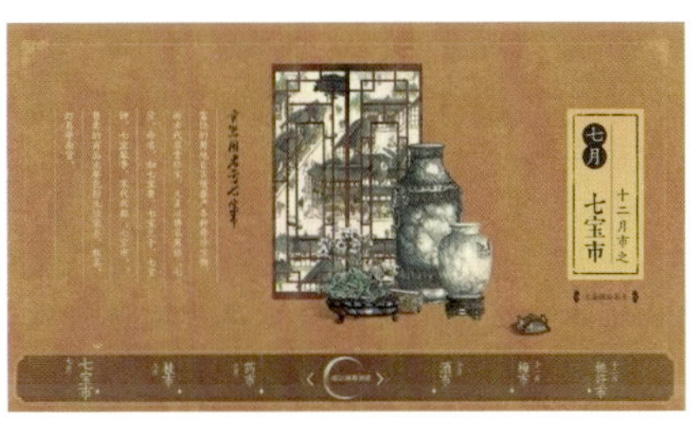

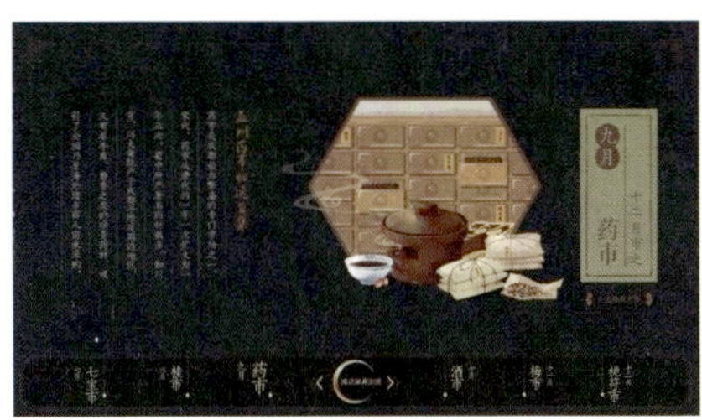

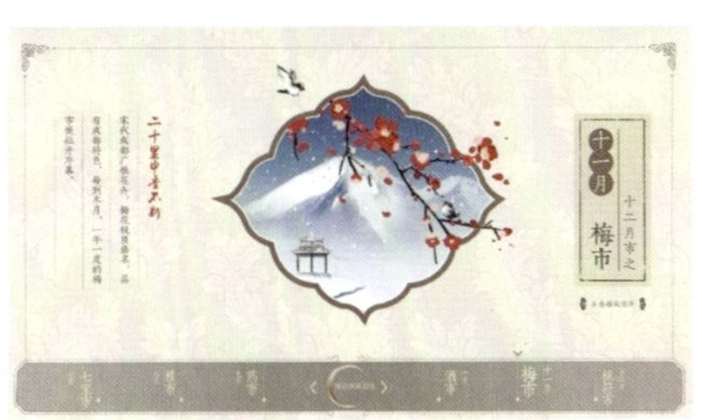

交子金融博物馆多媒体界面设计

程序制作

程序制作是实现多媒体交互功能的技术核心，主要包括编程语言的选择、代码编写、功能实现等。通过精细的代码编写与功能实现，确保每一个交互环节都能流畅运行。

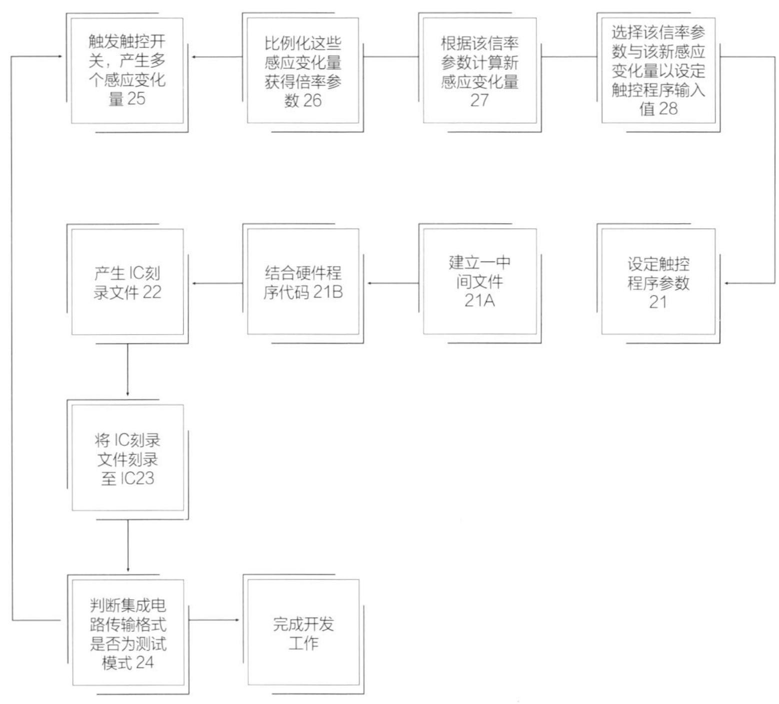

软硬件综合调试

在多媒体展项正式使用之前，软硬件综合调试是不可或缺的最后环节。它涉及硬件设备的配置、软件系统的测试和优化等多个方面。

综合展项

效果方案和实施策略整体通过后，各专业团队对其进行任务拆解、对应深化。

成都博物馆民俗展厅综合展项设计

照明设计

根据空间和深化设计方案，对展厅空间环境和柜内照明做灯光设计。

展览的灯光设计不是孤立进行的，而是紧密依托于展厅的空间布局和深化设计方案。灯光设计需要充分理解和尊重深化设计前期工作的成果，确保灯光方案与整体设计方案相融合，共同编织出和谐统一的展览故事线。

对展厅空间环境做灯光设计

展厅空间环境的灯光设计旨在通过光线的运用，构建与展览主题相呼应、氛围相契合的空间环境。这包括确定灯光的类型——射灯以聚焦，筒灯以均衡，LED 灯带勾勒轮廓，每一种选择都服务于整体效果。在布局上，平衡均匀照明与重点强调，既保证空间的通透感，又能引导观众视线至关键展品。在色彩与亮度的调控方面，应按需搭配冷暖色调，精心布局明暗层次。良好的空间环境与灯光设计共同营造出既吸引眼球又富含情感的参观环境，提升观众的参观体验，增强展览的吸引力和感染力。

金沙遗址博物馆展览灯光效果

对柜内照明做灯光设计

对于承载着珍贵文物、艺术品或商品的展示柜而言，柜内照明设计更应精益求精。柜内照明的设计需要考虑如何突出展品的特点、细节和质感，同时避免光线对展品造成损害（如光化学反应破坏、热效应等）。因此，应首选低热量、长寿命的LED 灯具，对主光源照明角度与亮度设定要精准，以最适宜的光影效果展现展品全貌，同时辅以必要的遮光措施，减少光污染，保护展品免受外界干扰。

博物馆建筑陈列室展品照度标准值

类别	参考平面及高度	标准照度值（1x）	色温	Ra	年曝光度（1x.h/a)
对光特别敏感的展品：织绣品、纺织品、绘画、纸质物品、彩绘、陶（石）器、染色皮、动物标本等	展品面	≤ 50	≤ 3000k	≥ 85	≤ 50000
对光敏感的展品：油画蛋清画、不染色皮革、角制品、骨制品、象牙制品竹木制品和漆器等	展品面	≤ 180	≤ 4000k	≥ 85	≤ 360000
对光不敏感的展品：金属制品、石质器物、陶瓷器宝玉石器、岩矿标本、玻璃制品、搪瓷制品、珐琅器等	展品面	≤ 300	≤ 6500k	≥ 85	不限制

照明灯具使用规范

6.5 照明灯具

6.5.1 陈列展览照明施工应执行 GB/T23863 的规定，必须选择具有正规品牌与合格证的光源和灯具、电器，进口产品应有完备的商品入关手续。应注意优质耐用、节能低耗、维护方便等因素，并应符合以下条件：

a）光源发光效率优良，照度 0% — 100% 可调节；

b）光源显色性 >90%；

c）灯具光束角可调；

d）灯具照射角度调整定位精准；

e）灯具所实现的照射区域边缘亮度衰减均匀自然；

f）灯具具有防紫外线和红外线辐射技术；

g）灯具具有防眩光、可控制照射范围的技术；

h）电器散热良好；

i）电器触点紧密可靠，安装牢固。

资料来源：
中华人民共和国文物保护行业标准：《博物馆陈列展览形式设计与施工规范》，中华人民共和国国家文物局 2019 年 1 月 31 日发布。

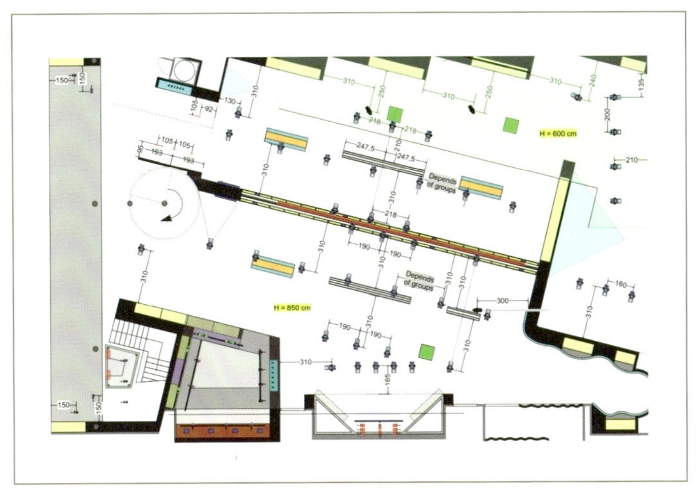

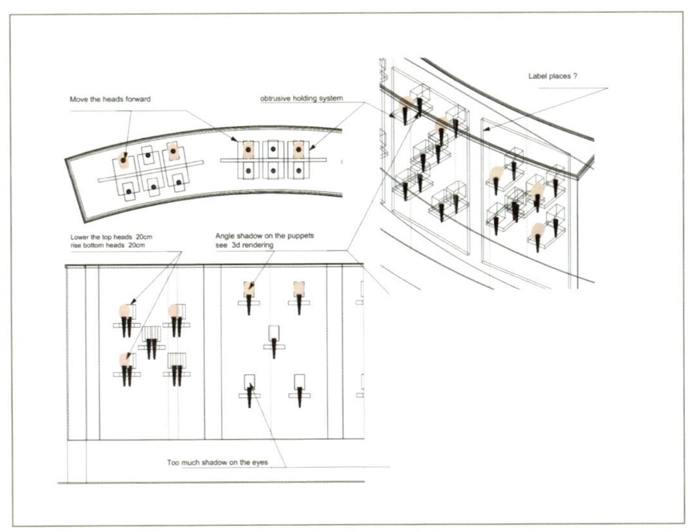

中国皮影博物馆灯光设计

裂纸以为币
符信一加
化土芥以为金玉

交子金融博物馆展览灯光效果

宝墩古城

现场实施

效果呈现

实施工期

节点控制

施工管理

实施工期

完善的工期安排是保证展览高质量按时完成的基础。在明确展览的完成时间节点后，策展团队需与业主方、供应商等多方紧密沟通，共同制定详细的施工计划与时间表。这包括各阶段的设计确认、材料采购、场外制作、现场施工安装以及调试测试等，每一环节都需要精确的时间节点和合理的资源分配。

此外，还需考虑到可能存在的风险因素，如天气变化、材料供应延迟或技术难题等，预留出一定的缓冲时间，以确保整个项目能够按计划顺利推进。同时，制定一套有效的进度监控机制，定期检查工程进度，及时发现并解决潜在问题，也是确保工期管理成功的关键。

宝墩遗址展馆工期计划表

内容立面

序号	内容	周期 / 天	6月							7月							8月							9月						
			1	5	10	15	20	25	30	1	5	10	15	20	25	30	1	5	10	15	20	25	30	1	5	10	15	20	25	30
1	资料补充收集	10																												
2	展览文本深化、定稿	30																												
3	立面设计	30																												
4	立面调整、定稿	15																												

多媒体

序号	内容	周期 / 天	6月							7月							8月							9月						
			1	5	10	15	20	25	30	1	5	10	15	20	25	30	1	5	10	15	20	25	30	1	5	10	15	20	25	30
1	多媒体方案策划（程序方案、界面设计）	15																												
2	方案调整、定稿	20																												
3	资料补充收集	15																												
4	影片建模	25																												
5	影片制作、渲染	10																												
6	软件程序编制	30																												
7	程序测试	10																												
8	后期完善	5																												
9	现场调试	5																												
10	硬件订货采购、生产安装	45																												

基装美工类

序号	内容	周期 / 天	6月							7月							8月							9月						
			1	5	10	15	20	25	30	1	5	10	15	20	25	30	1	5	10	15	20	25	30	1	5	10	15	20	25	30
1	基础装修	70																												
2	美工制作	20																												
3	灯光工程	10																												
4	清洁	2																												

艺术展项类

序号	内容	周期 / 天	6月							7月							8月							9月						
			1	5	10	15	20	25	30	1	5	10	15	20	25	30	1	5	10	15	20	25	30	1	5	10	15	20	25	30
1	深化方案、调整、审定	30																												
2	场景	35																												
3	雕塑	35																												

总工期 110 天

节点控制

展览是空间的艺术，展厅空间是展览的最终表达，而场内基础设施是展览形态的基本构建，因此，有两个关键节点必须特别关注。

场内节点

放线

在当代展览策划与设计的语境中，尽管先进的计算机辅助设计软件（CAD、BIM 等）赋予了参与者以“鸟瞰”视角，实现了对展览空间的高效规划与分配，然而，空间尺度的感知仍是一个高度主观且多变的因素。具体而言，即便是经过精心计算的如 25mx20m、总面积 500m^{2}的展厅布局，在二维图纸上展现得科学而紧凑，一旦转化为三维实体空间，其空荡感或拥挤度往往与预设大相径庭。同理，2mx3m 模型展台的布局设计，在图纸上或许显得和谐统一，但在实际环境中，可能会因尺度感知的偏差而导致视觉上的面积过溢或观看体验受限。现场感知远比图纸想象的反馈更加直接，因此，基础施工前，需要根据设计图纸在场地地面上划线标注展墙和场景展柜等大体量展项位置，帮助主创团队建立现场空间感知，以便及时对空间结构性问题进行调整。

放样

当现场完成展墙搭建、展厅结构已直观明晰后，需要对重点大型展项进行现场放样，进一步确认展项在空间中的体量关系。

现场放样

场外节点

展览实施过程中，雕塑、模型、图版、仿制文物、展柜等相对独立的展项将分别在不同的工厂中进行生产制作，主体完成后再运输到现场进行现场二次深化加工及安装。对于场外制作的展项，同样需要对效果质量进行阶段审查。

展柜制作

博物馆展柜制作是一个复杂而细致的过程，需要专业的设计、制作和安装团队共同完成。通过科学合理的材料选择和工艺定制，为文物提供一个安全、美观、舒适的展示环境。

展柜制作基本要求

6.4.2 展柜

6.4.2.1 基本要求

展柜是陈列展览中承载和保护展品的专业设备，适应观众参观需求，有效保护柜内展品安全。

展柜应安全、坚固、便于使用，非固定展柜应便于移动。材料与施工均应精密、规范、安全、无害。五金锁具等应牢固可靠，符合 GB 8383、GB 8384 要求，单扇柜门应有两把以上锁具，锁具位置尽量隐蔽，一锁一钥，编号管理。根据文物保护要求，必要时应具备恒温恒湿、防有害气体、防振动（包括地震和其他振动）破坏等文物保护功能。

展柜内部一般分为展品放置空间、灯具电器安装空间和其他设备空间三部分，相互应独立分隔。

资料来源：
中华人民共和国文物保护行业标准：《博物馆陈列展览形式设计与施工规范》，中华人民共和国国家文物局 2019 年 1 月 31 日发布。

艺术创作

工程性项目实施与艺术作品创作之间存在着本质差异。建筑装修与消防安防等工程项目，其执行往往严格遵循既定施工图纸，以确保施工精度与功能需求的精准实现。相比之下，雕塑、绘画、模型等艺术作品的创作过程则显著体现了艺术家的主体性与创造性，这些作品虽以设计草图作为基本导向，但其核心价值与魅力却深深植根于艺术家在绘制、雕刻等具体实践中的即兴发挥与深度探索。

具体而言，艺术作品的细节塑造，如人物雕塑的动态捕捉与神情刻画，不仅是对现实的再现，更是艺术家情感与观念的寄托，是触动观众心灵、传递情感温度的关键所在。这一过程远非简单的复制或模仿，而是要求艺术家在深入理解设计意图的基础上，通过层层深入的推演与尝试，逐步将抽象的概念转化为具象的形象，最终实现作品的整体和谐与独特魅力。因此在艺术设计方案整体过审后，艺术品制作阶段的效果确认主要采用局部制作或基础结构制作的方式，例如雕塑主要看泥稿，模型主要看地块结构及单体建筑。

人物雕塑制作

美工校色

展览的美工制作中，需进行颜色校对的工艺有四类：金属类（喷镀、烤漆、喷漆、喷塑、腐蚀填色、金属丝印、电镀），乳胶漆类（常规乳胶漆、艺术肌理漆、真石漆），墙纸类（UV 喷印、写真喷印），印刷类（四色 / 专色滚印、激光快印、特殊工艺印刷）。

实现不同材质与工艺间颜色的统一极具挑战性。为此，我们通常会选择一个固定标准，并依据双方共有的色卡进行调色，以便于后续的样品对比与调整。当面对色彩饱和度高且对颜色一致性有严格要求的项目时，我们会采用另一种策略：先在 UV 打印机上喷印出墙纸的颜色小样，并通过反复调试直至达到理想颜色。

最后，我们会打印三份该颜色样本，一份供甲方挑选确认，一份内部留存作为比对基准，还有一份则提供给合作方用于调色参考。

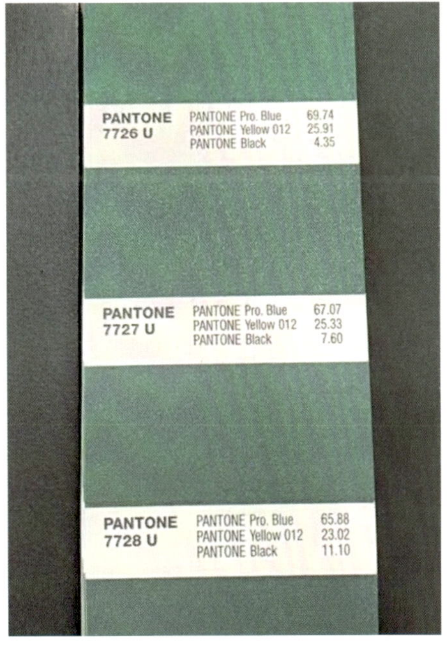

美工校色

实验节点

宝墩遗址展馆中的陶片墙制作是一个艰难的挑战，需要策展方经过多次实验。要实现陶片墙的整体效果，陶片必须将较为完整的块面保持垂直固定以作为观看展示面，如果陶片直接堆叠在透明展柜中，陶片与陶片之间的叠压关系无法控制，且堆叠过程中陶片与玻璃的接触摩擦难以避免，极有可能导致玻璃出现刮痕、粉尘等痕迹，从而影响最终效果。若按照景观瓷片墙的制作方法，将陶片嵌入混合了建筑胶水的水泥中，则是不符合文物保护要求的。

为敲定一个既能保障文物安全，又能满足具有审美价值的展陈固定方式，策展团队拜访了四川博物院和成都博物馆的展陈专家，寻求专业的帮助。专家团队提出了采用医用石膏作为陶片固定黏合剂的解决方案，这一材料在文物修复领域以安全性与可逆性著称，既能使碎裂的陶片稳固黏合为完整的器具，当需要还原文物状态时，也能在不伤害陶片的前提下使陶片剥离出来，为陶片墙的制作提供了科学依据和技术保障。

石膏黏合的操作办法在文物修复的运用中十分成熟，但运用在如此大面积的墙面上却是一个前所未有的创新尝试。实施团队与专家反复讨论之后，进一步细化了安装方案：将陶片墙按照 60cmx60cm 的方格进行拆解，每个方格中的陶片做好分层标记。然后用石膏按比例灌注成 60cmx60cmx2cm 的石膏板，在石膏板基本成型形成黏合力但还未干硬的状态下，将陶片黏在石膏板表面并保持表面朝上。最后把一块块黏合了陶片的石膏板固定在墙面，拼合形成陶片墙。陶片墙整体内嵌在壁龛展柜中，保护陶片不被观众直接接触。这一系列精细操作不仅考验了团队的技艺与耐心，也体现了对文物保护原则的严格遵循。

宝墩遗址展馆陶片墙制作

施工管理

现场管理

施工过程中，必须严格按照设计图纸和标准进行操作，确保每项工序符合技术质量要求。展览施工单位应设立特别检查组，对施工现场进行定期检查，确保施工质量。

材料和设备管理

施工现场管理人员需加强对材料和机械设备的管理，合理安排进场时间，防止材料变质。所有进场的材料和设备需对其质量合格证书进行审核。

成品保护

在施工过程中，需采取有效措施保护已完成的展陈成品，如使用塑料薄膜包裹展览台、多媒体设备，使用高燃点保护物品包裹墙角等。此外，还需加强对成品的巡查，确保保护措施落实到位。

多媒体成品保护

验收开馆——成果完善

PROJECT ACCEPTANCE AND MUSEUM EXHIBITION OPENING

第四个阶段为验收开馆，此阶段聚焦于展览项目的最终完善。就项目现场情况来说，展览公司要保障设施设备的正常运行，并协助业主单位进行讲解员培训，确保展馆的参观接待工作有序展开。在初步验收时，业主单位应组织领导专家现场视察并提出整改意见，展览公司需依据专家建议与预算情况逐一整改，使展览趋于完善。

最后，便是展览的正式验收与结算审计，确保资金使用的透明与高效。在项目资料方面，展览公司需完成竣工图纸资料、方案成果资料、结算审计资料，以汇总完善的资料为整个项目画上句号。

工作清单

业主单位	展览公司
展馆试运营（预验收），领导专家现场视察	配合接待，保障设备运营
汇总意见，明确整改变更任务、流程、经费	编制整改方案及增项预算
确认整改方案	完成整改项目
明确运营管理单位	编制竣工资料，项目验收、移交
解说员培训，设备运行负责人培训	撰写解说词，协助解说培训
	编制设备使用手册，完成使用培训

正式开馆

确定结算单位，发起结算审计

项目后期管理

展览工程的后期工作主要包括竣工验收、结算审计、资料移交和维护保修等内容。

竣工验收

竣工验收是对工程项目质量和设计要求的全面检查与确认，确保所有建设内容符合既定标准和规范。

8 施工验收

8.1 概述

陈列展览施工验收工作由建设方组织相关专业人员进行，包含施工各个环节的单项和阶段验收。最终验收结论应是单项验收和阶段验收结论的汇总，应特别注意隐蔽工程的及时验收。验收包括施工材料、工艺方式、视觉效果、安全检测和试运行评估五方面内容。由各分项和工种的负责人共同监督管理并形成最终验收结论。应避免施工过程中监管缺位，事后一次性验收造成的片面结论和工程隐患。

8.2 验收组

验收组由建设方组织，由《博物馆陈列展览形式设计与施工规范》第 4.2 条所列各个专业的负责人参加，会同施工方负责人共同组成验收组。

8.3 报验

施工单位应将各个施工环节的设计图纸、施工标准、材料样品分别向建设方各个环节对应专业的负责部门报验，便于在施工过程中监督管理。施工结束后应整理完整的竣工图，经审核后交建设单位备案。

8.4 认证

在施工中因工程实际需要对原设计作修改变更时，应履行认证手续，经建设、监理和施工三方签字后生效，作为施工验收的依据，汇入最终验收结论。如因此对预算资金产生增减影响，要通过财务审计部门同意。

8.5 阶段验收

单项施工结束时应及时组织阶段验收，重点检查隐蔽性工程重要节点，做好验收记录，有问题及时整改，直至合格，结论由建设、监理和施工三方负责人签字，汇入验收报告。

8.6 最终验收

陈列展览施工结束后的最终验收分为初验和终验。施工结束应及时进行初验，初验后经过一定时间段的试运行，对陈列展览效果和运行情况评估后，确认各个方面均达到设计要求，可以进行终验，初验和终验均应形成验收结论，汇入验收报告。考虑陈列展览工程的特殊性和时效性，初验和终验间隔时间原则上不应超过 3 个月。

8.7 验收报告

汇总前期各项报验材料及各阶段验收结论，形成陈列展览工程的验收报告，由全体验收组成员，签字生效。

资料来源：
中华人民共和国文物保护行业标准：《博物馆陈列展览形式设计与施工规范》，中华人民共和国国家文物局 2019 年 1 月 31 日发布。

结算审计

结算审计涉及对工程款项的最终清算，包括各项成本、费用及可能存在的调整项的核对与支付。

资料移交

资料移交是将项目从设计、施工到验收全过程的文档、图纸等资料，进行系统化整理并移交给博物馆方，以供未来参考与档案保存。

维护保修

维护保修则是指在工程交付使用后，为博物馆展览设施提供的定期维护服务及在保修期内对任何潜在问题的及时修复，以保障展览的持久展示效果和观众的安全体验。这些环节相互衔接，共同构成了博物馆展览工程后期管理的完整体系。

06
博物馆建设工作机制
WORKING MECHANISM FOR MUSEUM CONSTRUCTION

展陈项目的管理方法
统筹 · 协调 · 分工

MANAGEMENT REGULATIONS FOR EXHIBITION PROJECTS

组织统筹

为确保展陈项目顺利进行，首要任务是成立专门的项目建设工作组。该工作组承担统筹全局、分段实施的重任，通过科学的规划与合理的分组，确保项目推进有条不紊。

例会协调

工作组及相关单位根据项目节点建立定期例会制度，围绕项目节点进行深度交流，通过通报工作进展、分析存在问题、商讨解决方案，形成快速响应机制，有效推动项目向前发展。例会不仅是信息交流的平台，更是团队协作的润滑剂，助力项目顺利达成既定目标。

分块包干

1. 领导组

确立组长，作为项目舵手，负责审议重大决策，协调各方资源，确保项目方向正确。

2. 执行组

执行组需紧密衔接各专业组，统筹各专业组工作使其顺畅推进，并定期审验阶段成果，保障项目质量。

1）内容艺术组

内容艺术组负责展览素材的全方位整合，包括文字、图片和影音资料的收集、整理，展品的征集、修复和筛选，组织方案领导会及专家会，审定深化设计方案。

2）工程合约组

负责工程管理监督及项目招采程序、合同签订、造价成本、支付款项、结算审计工作，确保项目执行过程中资金、资源的有效配置与合理利用。

3）专家顾问组

根据项目实际情况，对内容和形式表达的准确性、权威性等提供专业指导，确保展览内容与形式的准确性、权威性。

项目筹备建设工作组

领导组
执行组
内容艺术组
工程合约组
专家顾问组
资料提供
展品征集筛选
深化方案审定
方案会议组织
工程管理
招采流程
合同拟签
成本管理
款项支付
结算审计
顾问咨询
专业审核

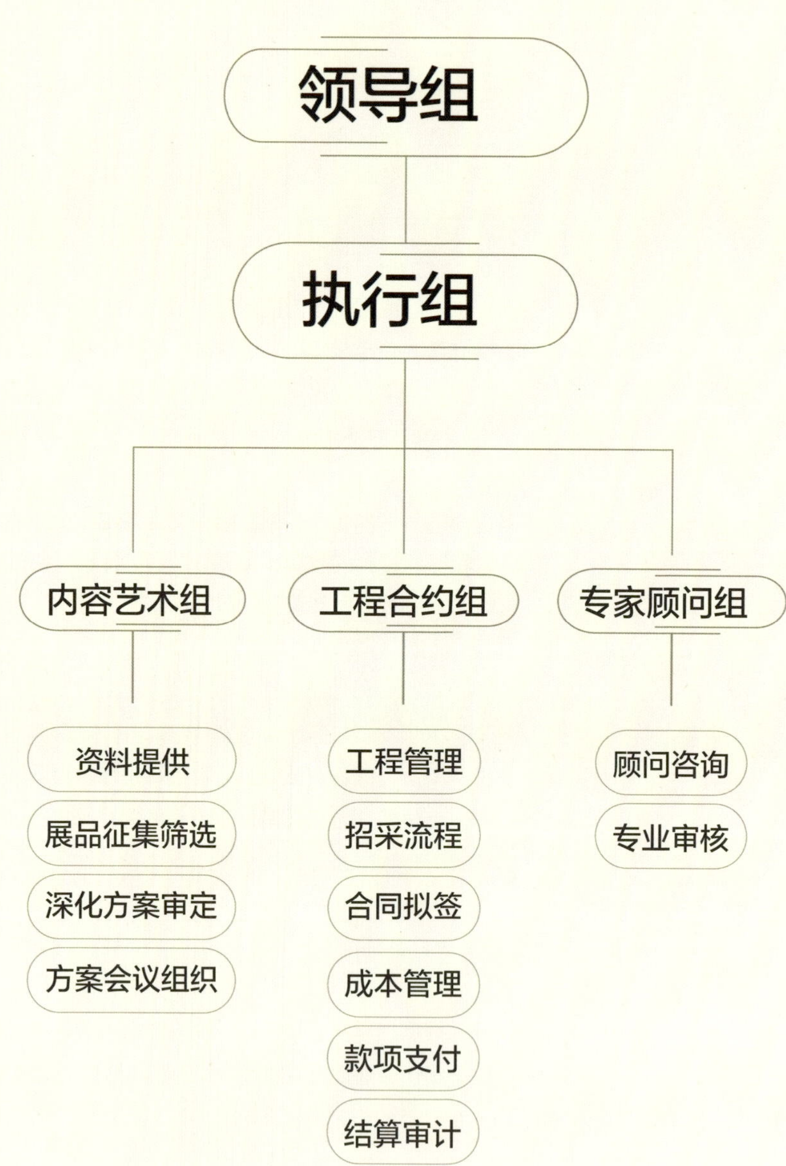

广元市博物馆广元窑文物展

MUSEUM PROJECT PROCESS AND CYCLE

第二章

博物馆项目流程与周期

博物馆项目流程主要包括立项、招标、签订合同等阶段，其中立项是项目成立的依据，它界定了项目的规模及资金状况。招标通常使用设计、施工一体化的形式，需要确定项目的执行单位。签订合同则形成了业主单位与中标单位的法律凭证。项目的时间周期通常在 180 – 200 个工作日左右，这是完成一个博物馆展览项目的必要时间。

01 项目流程
PROJECT PROCESSES

政府投资的博物馆项目主要分为政府资金项目和财政资金项目，这两类项目的区别在于资金来源与实施路径：

1. 如果项目业主需通过发展和改革委员会立项和批复，则采用工程建设项目流程。

2. 如果项目业主需通过财政部门申请资金，则采用政府采购项目流程。

由此，一个主要走工程建设程序（发展和改革委员会渠道），另一个主要走政府采购程序（财政渠道）。

政府资金项目

此类项目主要通过发展和改革委员会进行立项和审批，资金通常来自政府拨款，立项阶段主要包括项目必要性与目标确定、可行性研究、发展和改革委员会审批等，后续阶段为工程建设管理招标等环节。

项目立项阶段

- 确定项目建设意义和目标

初期需明确项目的社会公益性、政策方向和预期成果，确保公共资金投向符合社会发展需求的建设项目。

- 进行可行性研究和前期工作

可行性研究是对项目技术、经济和社会可行性进行论证的重要环节。根据《国家计委关于印发建设项目前期工作咨询收费暂行规定和通知》，可研报告编制费用有明确指导标准。以项目施工投资约 3000 万元为例，可研报告编制费用约为 9.6 万元；投资 5000 万，编制费用约为 16 万；投资 8000 万，编制费用约为 18 万；投资 1 亿，编制费用约为 22 万。可行性研究为后续决策与审批提供科学依据。

- 编制项目建议书并报发展和改革委员会审批

项目建议书提交至发展和改革委员会（如地方或国家发展改革委），阐述项目的必要性、建设方案、预期成效及资金需求。在发展和改革委员会批准后，项目正式立项并可开展后续工作。

项目招标阶段

根据发展和改革委员会批示进行招标（如设计一施工一体化 EPC 招标），获得发展和改革委员会立项批复后，根据批准的实施方案开展招投标工作。设计一施工一体化 EPC 招标等模式可提高建设效率与质量控制。

工程建设（设计施工总承包招标）案例：

四川大学博物馆群（综合博物馆区）展陈工程设计一施工总承包三标段招标公告

1. 招标条件

1.1 本招标项目四川大学博物馆群（综合博物馆区）展陈工程设计一施工总承包三标段已由武侯区行政审批局以川投资备【2019-510107-88-03-392063】FGQB-0339 号批准建设，项目业主为成都统建城市建设开发有限责任公司，建设资金来自国家投资一非政府投资，项目出资比例为 100%，招标人为成都统建城市建设开发有限责任公司、中国五冶集团有限公司。项目已具备招标条件，现进行公开招标。

1.2 本招标项目由武侯区行政审批局核准（招标事项核准文号为川投资备【2019-510107-88-03-392063】FGQB-0339 号）的招标组织形式为委托招标。招标人选择的招标代理机构是四川华通建设工程造价管理有限责任公司。

2. 项目概况与招标范围

2.1 建设地点：成都市武侯区四川大学望江校区望江路侧，紧邻府河和望江公园。

2.2 建设内容及规模：四川大学博物馆群"综合博物馆区"主要为新建博物馆及综合研用房共计建筑面积约 57331 平方米，改造原博物馆建筑面积约 16350 平方米。展陈区域包括 5 层（-1 楼到 4 楼），面积共计 10331 平方米。本标段为博物馆 1 楼及 2 楼，一楼、二楼展厅面积共约 4653.17 平方米，包括博物馆 1 楼及 2 楼展厅的展陈设计、陈列展览、采购、施工、工程保修期内的缺陷修复和保修工作、后期服务等。

2.3 计划总工期：60 日历天[1]。计划开工工作日期：具体开工日期经招标人同意后，以监理人签发的开工令（或其他开工指示文件）为准，投标人应做好开工前准备并按期开工计划。

2.4 招标范围：四川大学博物馆群（综合博物馆区）展陈工程设计一施工总承包三标段招标范围：博物馆 1 楼及 2 楼布展施工，一楼、二楼展厅面积共约 4653.17 平方米，包括博物馆 1 楼和 2 楼展厅的展陈设计、陈列展览、采购、施工、工程保修期内的缺陷修复和保修工作、后期服务等。

1.60 日历天为 60 个自然日。

资料来源：
四川大学博物馆：https://www.cdggzy.com/sitenew/notice/JSGC/NoticeContent.aspx?id=61B9F8B683D647678FD79617AE42B81B

财政资金项目

财政资金项目一般由业主单位向财政部门申请资金。这类项目的核心环节在于政府采购程序，即通过财政资金的申请、论证、备案与采购实施，确保公共资金的高效、透明与合法使用。

立项申请

项目业主单位向上级或财政部门提出采购计划申请，说明项目基本情况、必要性及资金来源。

项目论证

召开论证会议：组织相关部门和专家对项目进行论证，审议项目的可行性和必要性。

编制论证报告：根据论证会议意见编制项目论证报告，确保报告充分论证项目的合理性和可行性。

形成采购立项备案文件

经主管部门或财政部门认可后，业主形成正式采购立项备案文件，明确采购品目、预算与实施路径。

依据政府采购相关法规与品目分类目录开展采购

根据采购立项备案文件及《政府采购品目分类目录》（财库〔2022〕31号）文件进行“展览服务”采购，再选择适合的采购方式（如公开招标、邀请招标、竞争性磋商、单一来源采购等）。

c22000000	会议、展览、住宿和餐饮服务	
c22010000	会议服务	
c22010100	大型会议	包括全国或区域党代会、人代会、政协会等大型会议服务
c22010200	一般会议服务	包括研讨会、表彰会等会议等服务
c22000000	展览服务	包括展台搭建、展位制作等服务
c22020000	博览会服务	包括综合博览会服务、专业博览会服务等等
c22020200	专业技术产品展览服务	包括电子、通讯产品展览服务、汽车展览服务、机械设备展览服务、其他专业技术产品展览服务
c22020300	生活消费品展览服务	包括食品展览服务、服装展览服务、家用电器展览服务、家具展览服务、其他生活消费品展览服务
c22020400	文化产品展览服务	包括图书展览服务、集邮展览服务、纪念品展览服务、其他文化产品展览服务
c22029900	其他展览服务	包括教育展览服务、其他展览服务

政府采购（展览服务）案例：

[海淀]海淀区圆明园博物馆展陈设计施工项目竞争性磋商公告

项目概况

海淀区圆明园博物馆展陈设计施工项目采购项目的潜在供应商应在北京市海淀区长春桥路11号3号楼19层1903室获取采购文件，并于2023年3月20日14点（北京时间）前提交响应文件。

一、项目基本情况

项目编号：11010823210200013410－XM001

项目名称：海淀区圆明园博物馆展陈设计施工项目

采购方式：竞争性磋商

预算金额：1174.646989万元（人民币）

最高限价：1174.271694万元（人民币）

采购需求：

施工项目主要针对正觉寺进行展陈布置，在现有配殿展陈空间的基础上完善展览空间和展览内容，使广大游客在进入圆明园遗址公园之初通过展览内容对正觉寺和圆明园有一定的了解和感受，同时完善爱国主义教育基地建设。共包含：正觉寺常设展序厅、正觉寺历史文化展、圆明园文物保护成果展、圆明园文物修复成果展、圆明园流散文物展、文物库房、临时展厅、接待室等八项建设内容。

合同履行期限：120日历天。具体开工日期，以采购人书面通知为准。

本项目不接受联合体投标。

二、申请人的资格要求：

1. 满足《中华人民共和国政府采购法》第二十二条规定；

2. 落实政府采购政策需满足的资格要求：

本项目专门面向中小企业

3. 本项目的特定资格要求：

1）供应商应具有建筑工程施工总承包三级（含）以上资质；2）项目经理须具备建筑工程专业注册建造师二级（含）以上执业资格和有效的安全生产考核合格证书（B）本；3）具有建设行政主管部门颁发的安全生产许可证。

资料来源：

圆明园项目：http://www.ccgp-beijing.gov.cn/xxgg/qjzfcggg/qjzbgg/t20230309_1489739.html

02 项目周期

PROJECT CYCLE

展览文本、设计施工一体化或展览服务采购招标：197个工作日

1.编制与审批招标文件	5个工作日
2.发布招标公告及招标文件发售	5个工作日
3.投标及开标	20个工作日
4.评标	1个工作日
5.中标结果公示	5个工作日
6.发出中标通知书	1个工作日
7.签署合同	30天内（与第8步并行）
8.完成初稿设计与施工图设计启动	40个工作日
9.初稿验收与效果确定	5个工作日
10.完成终稿与施工图深化设计	20个工作日
11.专家评审及图审报送	5个工作日
12.施工与设计调整	90个工作日

项目完成共197个工作日

大明宫遗址博物馆

MUSEUM PROJECT INVESTMENT FEES

第三章

博物馆项目投资

项目总投资构成及依据

COMPOSITION AND BASIS OF TOTAL PROJECT INVESTMENT

策划设计施工费

参照中华人民共和国财政部办公厅2017年7月5日颁布的《陈列展览项目支出预算方案编制规范和预算编制标准试行办法》（财办预〔2017〕56号）文件及同类型展陈项目单方造价：

概念设计阶段项目预算标准表

展馆类别	预算构成	预算标准	计算基准	备注
博物馆	综合考虑项目从立项筹建到完成所需的全部费用	≤14000元/平方米	按展区地面面积计算	展示馆可参照美术馆预算标准控制，科技馆可参照博物馆预算标准控制
纪念馆		≤12000元/平方米		
美术馆		≤10000元/平方米		

陈列展览项目总预算表

<table>
<tr><th>序号</th><th>费用项目</th><th>计算基准</th><th colspan="2">预算标准</th><th>备注</th></tr>
<tr><td>一</td><td>基础装修费</td><td>按照展区地面面积计算</td><td colspan="2">≤ 3000 元 / 平方米</td><td>改陈项目增加拆除工程费 150 元 / 平方米</td></tr>
<tr><td rowspan="3">二</td><td rowspan="3">陈列布展费</td><td rowspan="3">按照展区地面面积计算</td><td>博物馆</td><td>≤ 6000 元 / 平方米</td><td rowspan="3">其中进口专业恒温恒湿展柜按不超过 12 万元 / 平方米</td></tr>
<tr><td>纪念馆</td><td>≤ 4000 元 / 平方米</td></tr>
<tr><td>美术馆</td><td>≤ 5000 元 / 平方米</td></tr>
<tr><td>三</td><td>专业灯光购置费</td><td>按照展区地面面积计算</td><td colspan="2">国产灯具≤ 1000 元 / 平方米
进口灯具≤ 1500 元 / 平方米</td><td></td></tr>
<tr><td>四</td><td>多媒体系统工程费</td><td>按照展区地面面积计算</td><td colspan="2">≤ 3000 元 / 平方米</td><td>多媒体系统费用占总投资比重原则上不应超过 20%，数字虚拟展览可另行制定标准</td></tr>
<tr><td>五</td><td>其他费用</td><td>包括建设单位管理费、招标代理费、监理费、设计费等</td><td colspan="2">参照《基本建设项目建设成本管理规定》（财建 [2016]504 号）、《招标代理服务收费管理暂行办法》（计价格 [2002]1980 号）、《工程建设监理收费标准》（发改价格 [2007]670 号）、《工程勘察设计收费管理规定》（计价格 [2002]10 号），根据项目实际及市场行情综合确定</td><td></td></tr>
</table>

近年展陈项目单方造价

博物馆项目

年份	项目	展陈面积（平方米）	展陈投资（万元）	单方造价（万元）
2019	成都博物馆皮影展厅	2290	2800	1.22
2021	苏州博物馆西馆陈列展览	2280	2796	1.23
2022	四川大学博物馆	4600	5200	1.13
2023	重庆体育博物馆	2000	2700	1.35
2024	云阳地质公园博物馆	1450	1680	1.16
2024	复旦大学博物馆陈列布展	2973	4100	1.38
2024	北京大运河博物馆(首都博物馆东馆)专题陈列	1780	1780	1.00
2024	人民教育出版社博物馆展陈	1515	2100	1.39
2024	良渚文化玉架山考古遗址公园(博物馆)陈列展览	6066	9348	1.54
2024	陶寺遗址博物馆展陈提升	4000	4106	1.03

项目	资料来源
成都博物馆皮影展厅	https://www.cdggzy.com/sitenew/notice/JSGC/NoticeContent.aspx?id=5B4114F6473F8CD0E0538C0112B264121.23
苏州博物馆西馆陈列展览	https://czju.suzhou.gov.cn/zfcg/html/project/6f06a2e8024d42ccb0e65ce2ca3a5cbf.shtml
四川大学博物馆	https://ggzyjy.sc.gov.cn/jyxx/002001/002001006/20220706/2F16F4C2B88B4BA4B675DC977CED6D67.html
重庆体育博物馆	https://tyj.cq.gov.cn/zwgk_253/fdzdgknr/zfztbcg/zbhcggg/202305/t20230508_11944858_wap.html
云阳地质公园博物馆	https://www.cqggzy.com/jyxx/004002/004002009/004002009001/20240311/92282841-2694-4b5e-80df-0acd52d01522.html
复旦大学博物馆陈列布展	http://www.ccgp.gov.cn/cggg/zygg/gkzb/202410/t20241009_23320393.html
北京大运河博物馆(首都博物馆东馆)专题陈列	http://www.ccgp-beijing.gov.cn/xxgg/sjzfcggg/sjzbgg/t20230905_1532073.html
人民教育出版社博物馆展陈	https://ctbpsp.com/#/bulletinDetail?uuid=12353183-67c7-4a61-bf8a-4c89231506f2&inpvalue=%E4%BA%BA%E6%B0%91%E6%95%99%E8%82%B2%E5%87%BA%E7%89%88%E7%A4%BE%E5%8D%9A%E7%89%A9%E9%A6%86&dataSource=0&tenderAgency=
良渚文化玉架山考古遗址公园(博物馆)陈列展览	http://zjpubservice.zjzwfw.gov.cn/jyxxgk/002001/002001001/20240909/369014ef-7c72-4a70-9529-ca3807afd23b.html
陶寺遗址博物馆展陈提升	http://lfggzyjy.linfen.gov.cn/moreInfoController.do?getProjectNodeInfo&url=/gcjs/gcjsProject/form?id=&id=2d17fe6bd2ef40969b672173d367269a

纪念馆项目

年份	项目	展陈面积（平方米）	展陈投资（万元）	单方造价（万元）
2022	襄阳革命烈士纪念馆二期陈列布展	1517	1788	1.18
2023	中国官田兵工博物馆展陈布展	1900	2280	1.20
2024	安徽省陶行知纪念馆改陈布展	1050	960	0.91
2024	白求恩纪念馆和柯棣华纪念馆展陈	1060	2618	2.47
2024	达州烈士纪念馆展陈布展	1869	1900	1.02
2024	江山岛登陆战纪念馆展陈	2800	3500	1.25

项目	资料来源
襄阳革命烈士纪念馆二期陈列布展	http://jyzx.xiangyang.gov.cn/jyxx/gcjs/zbgg/202208/t20220829_2909115.shtml
中国官田兵工博物馆展陈布展	https://ggzy.jiangxi.gov.cn/jyxx/002001/002001006/20230327/f0fafcd4-eeff-453f-8280-d2777ed7c3f4.html
安徽省陶行知纪念馆改陈布展	https://ggzy.huangshan.gov.cn/004/004001/004001012/20241210/1b0cf14f-03ea-4ac8-815a-c963a515e4f2.html
白求恩纪念馆和柯棣华纪念馆展陈	https://www.plap.mil.cn/freecms/site/juncai/ggxx/info/2024/8a1d006c9372fe01019380f648c53514.html
达州烈士纪念馆展陈布展	https://ggzyjy.sc.gov.cn/jyxx/002008/002008001/20240902/fccfa9b0-2463-4fe7-8e55-be8db54d3277.html
江山岛登陆战纪念馆展陈	https://ggzy.zj.gov.cn/jyxxgk/002001/002001001/20240627/5bcdea85-ddd2-46bd-aef2-6c8c2652a1d3.html

注：

1.展陈单方造价数据保留小数点后两位数。

2.数据来源于公开招标公告或招标文件。

造价咨询服务费

参照国家发展改革委《关于进一步放开建设项目专业服务价格的通知》（发改价格〔2015〕299号）文件。

案例：

新都区古蜀历史文化博物馆项目造价咨询机构服务采购项目

（招标编号：CDYJZC2023年0019）

项目所在地区：四川省,成都市,新都区

一、招标条件

本新都区古蜀历史文化博物馆项目造价咨询机构服务采购项目已由项目审批/核准/备案机关批准，项目资金来源为其他资金，招标人为成都市新都区兴城建设投资有限公司。本项目已具备招标条件，现招标方式为公开招标。

二、项目概况和招标范围

规模：项目建设内容及规模：新都区古蜀历史文化博物馆项目占地面积总计为341380平方米（约512.07亩），分别为新都区古蜀历史文化博物馆项目（博物馆）、新都区古蜀历史文化博物馆项目（公共服务）两部分构成。总建筑面积为47825.80平方米，其中古蜀历史文化博物馆建筑面积为18598.76平方米，主要包括陈列展览区和非遗文化展览区等.古蜀历史文化活动区1建筑面积为10806.50平方米，古蜀历史文化活动区2建筑面积为18420.54平方米，主要包括教育服务区、藏品技术区、藏品库区、业务与研究中心、游客服务中心、游客接待中心等；以及相关配套设施等公共服务内容，其中配套服务建筑9200平方米。

范围：本招标项目划分为1个标段，本次招标为其中的：

(001)新都区古蜀历史文化博物馆项目造价咨询机构服务采购项目；

三、投标人资格要求

(001新都区古蜀历史文化博物馆项目造价咨询机构服务采购项目)的投标人资格能力要求：1.具有独立承担民事责任的能力；

2.具有良好的商业信誉和健全的财务会计制度；

3.具有履行合同所必需的设备和专业技术能力；

4.有依法缴纳税收和社会保障资金的良好记录；

5.参加本次招标活动前三年内，在经营活动中没有重大违法记录；

6.法律、行政法规规定的其他条件

7.对本项目提出的特殊要求

8.不接受联合体投标。

本项目不允许联合体投标。

四、招标文件的获取

获取时间：从 2023 年 11 月 22 日 09 时 00 分到 2023 年 11 月 28 日 17 时 00 分

获取方式：成都怡建工程咨询代理有限公司现场获取；供应商获取招标文件时，应当提供 ①获取招标文件人员有效身份证、②单位介绍信(其中第①项查原件，提供加盖鲜章的复印件；第②项提供加盖鲜章的原件)。售价：300 元/份（招标文件售后不退，投标资格不能转让）。

五、投标文件的递交

递交截止时间：2023 年 12 月 14 日 10 时 00 分

递交方式 成都怡建工程咨询代理有限公司（成都市青羊区琼楼路 138 号光华里 4 楼）。纸质文件递交

六、开标时间及地点

开标时间：2023 年 12 月 14 日 10 时 00 分

开标地点 成都怡建工程咨询代理有限公司（成都市青羊区琼楼路 138 号光华里 4 楼）。

七、其他

1、资金来源及最高限价：

自筹资金已落实。

A 包最高限价 :1、工程量清单及控制价编制 : 按照《四川省物价局、四川省建设厅关于 < 工程造价咨询服务收费标准 > 的通知》(川价发 (2008) 141 号文) 第 6 项“编制工程量清单或审核”规定的收费标准乘 1.25 的 70% 作为最高限价。2、施工阶段全过程造价控制按照《四川省物价局、四川省建设厅关于 < 工程造价咨询服务收费标准 > 的通知》(川价发 (2008)141 号文) 第 11 项“施工阶段全过程造价控制”规定的收费标准的 70% 作为最高限价。

B 包最高限价 : 按照《四川省物价局、四川省建设厅关于 < 工程造价咨询服务收费标准 > 的通知》(川价发 (2008)141 号文) 第 8 项“审核工程预算 (招标控制价或标底)”规定的收费标准的 70%。

2、禁止参加本次采购活动的供应商：

参照《财政部关于在政府采购活动中查询及使用信用记录的通知》（财库 [2016]125 号）的要求，截至开标时间前一个工作日，采购代理机构将通过“信用中国网站（www.creditchina.gov.cn)、“中国政府采购网”网站（www.ccgp.gov.cn) 等渠道查询供应商的信用记录并保存信用记录结果网页截图，拒绝列入失信被执行人、重大税收违法案件当事人名单、政府采购严重违法失信行为记录名单的供应商参加本项目的采购活动。

3、本投标邀请在中国招标投标公共服务平台、成都香城投资集团有限公司门户网站上以公告形式发布。

八、监督部门

本招标项目的监督部门为成都香城投资集团有限公司。

九、联系方式

招 标 人：成都市新都区兴城建设投资有限公司

地　　址：四川省成都市新都区兴城时代

联 系 人：王先生

电　　话：028-60322321

电子邮件：/

招标代理机构：成都怡建工程咨询代理有限公司

地　　址：成都市青羊区琼楼路 138 号光华里 4 楼

联 系 人：何先生

电　　话：028-86785533

电子邮件：/

招标人或其招标代理机构主要负责人（项目负责人）：＿＿＿＿（签名）

招标人或其招标代理机构：＿＿＿＿＿＿＿＿（盖章）

资料来源：

新都区古蜀历史文化博物馆：https://ctbpsp.com/#/bulletinDetail?uuid=0e2846c4-da95-4b4a-81ff-dc3badb1ab2c&inpvalue=%E6%96%B0%E9%83%BD%E5%8C%BA%E5%8F%A4%E8%9C%80%E5%8E%86%E5%8F%B2%E6%96%87%E5%8C%96%E5%8D%9A%E7%89%A9%E9%A6%86%E9%A1%B9%E7%9B%AE%E9%80%A0%E4%BB%B7%E5%92%A8%E8%AF%A2%E6%9C%BA%E6%9E%84%E6%9C%8D%E5%8A%A1%E9%87%87%E8%B4%AD%E9%A1%B9%E7%9B%AE&dataSource=0&tenderAgency=

计算公式：

以四川省按照《四川省物价局、四川省建设厅关于 <工程造价咨询服务收费标准> 的通知》(川价发 [2008]141 号) 文件为例：

四川省工程造价咨询服务收费标准								
序号	收费项目	收费基数	(‰)					
			≤100万元	≤500万元	≤1000万元	≤5000万元	≤1亿	＞1亿元
1	投资估算	投资额	1.00	0.80	0.60	0.40	0.20	0.10
2	可行性经济评价	投资额	2.50	2.30	2.00	1.70	1.50	1.30
3	编制工程设计概算	投资额	1.50	1.30	1.20	1.00	0.80	0.60
4	编制工程预算（招标控制价或标底）	工程造价	3.20	3.00	2.80	2.60	2.30	2.00
5	编制竣工结算	工程造价	3.50	3.20	3.00	2.70	2.50	2.00
6	编制工程量清单或审核	工程造价	4.00	3.80	3.60	3.30	3.00	2.70
7	审核工程设计概算	送审工程造价	1.60	1.40	1.30	1.10	0.90	0.70
8	审核工程预算（招标控制价或标底）	送审工程造价	3.60	3.40	3.20	3.00	2.80	2.60
9	审核竣工结算	送审工程造价	5.00	4.80	4.60	4.40	4.00	3.50
10	钢筋抽筋及预埋铁件计算	元/T	12.00					
11	施工阶段全过程造价控制	投资额	13.00	12.00	11.00	10.00	9.00	7.00
(1)	设计变更经济分析	投资额	1.40	1.20	1.00	0.80	0.60	0.20
(2)	合同造价条款变更、管理	投资额	1.60	1.40	1.20	1.00	0.80	0.30
(3)	预付款、进度款、变更款、索赔款审核	投资额	7.80	7.50	7.20	6.90	6.60	5.90
(4)	材料、设备价咨询	投资额	2.20	1.90	1.60	1.30	1.00	0.60
12	工程造价争议鉴定	鉴定标准(%)	2－3					
13	常年造价咨询顾问	每人每年	30000－50000元					
14	计时咨询（持有注册造价工程师、造价员资格证书人员）							
(1)	教授级高级工程师	元/日	1500－2000					
(2)	高级工程师	元/日	1200－1500					
(3)	工程师	元/日	1000－1200					
15	造价信息咨询							
(1)	咨询工程造价	元/数据	20－100					
(2)	建材价格行情	元/数据	10－20					
(3)	建材供求信息	元/条	100－400					

说明：

一、工程量清单、工程预算（招标控制价或标底）、竣工结算的编制及审核中的钢筋按定额含量，若放样另按第 11 项钢筋抽筋计算费用。

二、差额定率累进收费计算：如第 5 项编制竣工结算造价为 3000 万元，服务收费计算如下：

100 万元 ×3.5‰ =0.35 万元

（500 − 100）万元 ×3.2‰ =1.28 万元

（1000 − 500）万元 ×3.0‰ =1.50 万元

（3000 − 1000）万元 ×2.7‰ =5.40 万元

合计 8.53 万元

三、编制工程量清单含预算控制价时，其收费系数乘 1.25。

四、本标准是按房屋建筑和市政基础设施工程制定的，如系公路、铁路、水、坝等土木工程，收费应降低 50% 计算。

五、审核竣工结算时，所有基本审核费由委托单位负担。另按审减或审增额度可加收 3% − 5% 审核费用（具体幅度由双方在造价咨询合同中约定），审增减率在 5% 以内（含 5%），由委托单位负担审核费用；审减率在 5% 以上的，5% 以内（含 5%）的审核费用由委托单位承担，超过部分由编制单位承担；审增部分审核费用由编制单位承担。

六、工程造价争议案件鉴定由具有相应工程造价咨询资质的单位（暂定资质除外）承担，如因鉴定结论失误造成案件重审的，经省工程造价总站重新鉴定，确认原结论误差在 ±3% 以上的，由原鉴定单位全额退回原鉴定费。

七、施工阶段全过程造价咨询服务周期，按施工合同工期加 2 个月为正常服务期限；非造价咨询单位原因造成超期服务，按以正常服务期限和服务合同约定的服务收费计算的月均服务乘以超期服务时间计算超期服务费。

八、单独委托的装饰工程、安装工程和技术改造工程应在上述收费标准的基础上增加 20%。

九、本收费以单项工程为计算基础，凡单项收费金额低于人民币 3000 元，按 3000 元收取。

十、非工程造价咨询单位原因造成同一项目重复或增加咨询工作量 20% 以上的，应按本收费标准另行计算增加工作量的费用。

十一、本收费标准为合理工期和正常工作日条件下的费用标准，若委托人要求赶工或占用国家法定休息时间，应增加 20% − 30% 的咨询费。

工程监理服务费

参照《建设工程监理与相关服务收费管理规定》（发改价格〔2007〕670号）文件。

案例：

广汉市三星堆文旅发展有限公司关于三星堆国家文物保护利用示范区（一期）项目——三星堆博物馆老馆（综合馆）改造监理房屋建筑工程的招标公告

第一章 招标公告（适用于公开招标）

三星堆国家文物保护利用示范区（一期）项目——三星堆博物馆老馆（综合馆）改造监理（项目名称）监理 / 标段

招标公告

1. 招标条件

1.1 本招标项目三星堆国家文物保护利用示范区（一期）项目——三星堆博物馆老馆（综合馆）改造监理（项目名称）已由广汉市发展和改革局（项目审批、核准或备案机关名称）以（广发改社〔2021〕21 号）（批文名称及编号）批准建设，项目业主为广汉市三星堆文旅发展有限公司，建设资金来自财政拨款、业主自筹、申报发行专项债券（资金来源），项目出资比例为 100%，招标人为广汉市三星堆文旅发展有限公司。项目已具备招标条件，现对该项目的监理进行公开招标。

1.2 本招标项目由广汉市发展和改革局（核准机关名称）核准，招标事项核准文号为（广发改社〔2021〕21 号）的招标组织形式为委托招标 。 招标人选择的招标代理机构是融汇项目管理有限公司。

2. 项目概况与招标范围

2.1 建设地点：广汉市。

2.2 建设规模及投资额：三星堆博物馆老馆（综合馆）改造约 4200 平方米。项目总投资额约 3500 万元。

2.3 监理服务期：设计、施工工期 + 缺陷责任期。

2.4 招标范围：本项目所 涉及的监理相关的全部内容。

2.5 标段划分：本次招标共划分 1 个监理标段。

（说明本次招标项目的建设地点、规模及投资额、监理服务期限、招标范围、标段划分及标段投资额等。）

资料来源：

三星堆博物馆：https://ggzyjy.sc.gov.cn/jyxx/002001/002001003/20240813/1c979812-58c9-41c2-85ef-73f4a911d033.html

以下根据《建设工程监理与相关服务收费管理规定》（发改价格〔2007〕670号）文件计算

监理服务费基准价

计费额（万元）		收费基价（万元）		计费额（万元）	收费基价（万元）	专业系数	复杂系数	高程系数	收费基准价（万元）
0	500	0.00	16.50	500	16.50	1.0	1.0	1.0	16.50
500	1000	16.50	30.10	1000	30.10	1.0	1.0	1.0	30.10
1000	3000	30.10	78.10	2473	78.10	1.0	1.0	1.0	78.10
3000	5000	78.10	120.80	5000	120.80	1.0	1.0	1.0	120.80
5000	8000	120.80	181.00	8000	181.00	1.0	1.0	1.0	181.00
8000	10000	181.00	218.60	10000	218.60	1.0	1.0	1.0	218.60
10000	20000	218.60	393.40	16800	393.40	1.0	1.0	1.0	393.40
20000	40000	393.40	708.20	26000	708.20	1.0	1.0	1.0	708.20
40000	60000	708.20	991.40	60000	991.40	1.0	1.0	1.0	991.40
60000	80000	991.40	1255.80	80000	1255.80	1.0	1.0	1.0	1255.80
80000	100000	1255.80	1507.00	100000	1507.00	1.0	1.0	1.0	1507.00
100000	200000	1507.00	2712.50	200000	2712.50	1.0	1.0	1.0	2712.50
200000	400000	2712.50	4882.60	400000	4882.60	1.0	1.0	1.0	4882.60
400000	600000	4882.60	6835.60	600000	6835.60	1.0	1.0	1.0	6835.60
600000	800000	6835.60	8658.40	800000	8658.40	1.0	1.0	1.0	8658.40
800000	1000000	8658.40	10390.10	1000000	10390.10	1.0	1.0	1.0	10390.10

招标代理服务费

参照《招标代理服务收费管理暂行办法》（计价格〔2002〕1980号）文件和（发改价格〔2011〕534号）文件。

案例：

望丛祠古蜀文化博物馆项目招标代理机构竞争性磋商公告

望丛祠古蜀文化博物馆项目由成都科创新城投资发展有限公司作为项目业主，对本项目的招标代理机构进行国内公开竞争性磋商，诚邀符合资格条件的潜在供应商参与。

一、项目名称

望丛祠古蜀文化博物馆项目

二、资金来源

企业自筹

三、投资估算

项目投资估算约 28796 万元。

四、建设内容及规模

项目占地面积约 45.72 亩，新建博物馆，总建筑面积约 24000 平方米，包含展览区域、文保中心、研学中心、管理办公区域、地下停车场及配套设施。

五、服务内容

为望丛祠古蜀文化博物馆项目的勘察设计、施工、监理、重要设备和材料采购等提供招标代理服务。

六、供应商参加本次招标活动应具备下列条件：

1. 具有独立承担民事责任的能力；

2. 具有良好的商业信誉和健全的财务会计制度；

3. 具有履行合同所必需的设备和专业技术能力；

4. 具有依法缴纳税收和社会保障资金的良好记录；

5. 参加本次采购活动前三年内，在经营活动中没有重大违法记录；

6. 法律、行政法规规定的其他条件；

7. 在“信用中国”（www.creditchina.gov.cn）、“中国政府采购网”（www.ccgp.gov.cn）网站公布列入失信被执行人名单、重大税收违法案件当事人名单、政府采购严重违法失信行为记录名单中的供应商拒绝报名参加本项目的采购活动；

8. 本项目不接受联合体磋商。

资料来源：
望丛祠古蜀文化博物馆：http://www.pidu.gov.cn/pidu/c125577/2023-05/25/content_61660219ebcb46d6a08e9de13bf3cf97.shtml

招标代理服务费计算公式:

中标金额为	3000万元
0－100	100×1.00%=10000.00元
100－500	400×0.70%=28000.00元
500－1000	500×0.55%=27500.00元
1000－3000	2000×0.35%=70000.00元
各项结果累计得	135500.00元

附录
APPENDIX

转译：从学术术语到展览语言
—— 以宝墩博物馆为例[1]

1.“宝墩博物馆”即为“宝墩遗址展馆”。

国家文物局主管
中国博物馆协会主办
中国学术期刊网全文收录期刊
中国人文社会科学期刊AMI综合评价扩展期刊
中文核心期刊

转译：从学术术语到展览语言

——以宝墩博物馆为例

李作民 / 四川二十一世纪文化传播有限责任公司 成都 610023

2024 | 5
总第164期
双 月 刊

国际标准刊号 ISSN 1002-9648
国内统一刊号 CN11-1462/G2

转译：从学术术语到展览语言

——以宝墩博物馆为例

李作民 / 四川二十一世纪文化传播有限责任公司 成都 610023

摘要：在博物馆的设计中，转译是指从学术术语到展览语言的转化，转译的本质在于“信息的传递”，宝墩博物馆立足宝墩遗址，将“宝墩”作为隐性叙事主题，建立起古蜀文化参照系，通过大众文化符号诠释相对陌生的宝墩文化，将晦涩专业的考古学术成果转译为具象信息，使得公众能更好实现信息的获取与内化。

关键词：宝墩；博物馆；转译；展览设计

晦涩难懂的考古报告和古朴简拙的出土文物，是大部分遗址类博物馆展览的基本内容和主要构成，它们通常需要进一步的阐释去释放信息、进行解读。博物馆展览设计工作的核心，便是通过文字、图像、实物、影音、雕塑、绘画、场景、交互多媒体等展览形式对这些内容进行转码，让观众在更加具象的、多元的表达形式中接受与理解展览内容，从而获得思考与启发，实现信息的“转译”。对展览内容的转译是博物馆展览设计最重要的课题之一，通过对外在典型元素的运用实现内在隐性元素的传达，将学术术语转化成大众语言是博物馆展览设计取得成功的基础，本文以宝墩遗址博物馆为例进行阐释。

一、宝墩的价值发现

自三星堆遗址新发现六个祭祀坑以来，不断出土的器物吸引着公众的目光，对于古蜀文明的探索掀起了一轮新的高潮，宝墩遗址在研究长江流域古代文明起源方面扮演着重要的角色，在对古蜀文明的探讨中，也绕不开“宝墩”这一话题。

宝墩遗址位于四川省成都市新津区宝墩镇宝墩村，是一座新石器时代的大型古城遗址，距今4500—4000年。宝墩文化则是一支广泛分布于成都平原的考古学文化，涵盖了新津宝墩、温江鱼凫城等8座史前古城，并广泛地分布于广汉三星堆、成都十街坊等50余处遗址中，在富饶的四川盆地中心地带形成了一个独立的文化区[1]。因其具有相同的文化特征，且宝墩古城遗址发现时间最早、遗址面积最大、最具典型性，故学术界将这一文化命名为“宝墩文化”。

宝墩的重要价值体现在三个维度：一是宝墩之于成都，宝墩遗址作为成都平原时代最早、

作者简介：李作民，男，主要研究方向：博物馆策划与设计。电子邮箱：948080329@qq.com.

面积最大的新石器时代遗址，是成都平原稻作文明、城市文明的始源。二是宝墩之于四川，宝墩文化是探索古蜀文明起源最重要的证据，它的发现完善了古蜀文明发展演进的脉络，与三星堆、金沙并肩，是古蜀文明的重要链条，是四川即将跨进文明门槛的历史见证。三是宝墩之于中国，宝墩证实了古蜀也是中国文明起源的重要一元，组成了中华文明起源的基本格局，体现中国古代文明的起源、形成和发展是多元一体的。宝墩古城面积276万平方米，在同时期仅次于陕西神木石峁古城、浙江良渚古城、山西襄汾陶寺古城，是成都平原城址群中时代最早、面积最大的一座[2]。

从上述三个维度出发，如何展现一个成都的宝墩、四川的宝墩乃至中国的宝墩便是宝墩遗址博物馆的题中要义。然而，宝墩遗址的价值更多地是一种文化和文明上的体现。由于缺少精美、有辨识度的出土器物，对于公众来说，难以具体地感受宝墩遗址和宝墩文化的文化精神与重要意义。面对这一情况，博物馆的设计者需要更多地考虑如何对宝墩遗址和宝墩文化进行解读，将展览内容生动有效地转译给观众。

二、作为转译信息源的考古信息

在宝墩博物馆的展览设计中，考古遗址和文物是展览的信息源，需要经过一定的解构、再造才能更好地表达给观众。而博物馆设计者，作为再造主体，其核心工作就是把文物通过一定的设计形态，展现给博物馆的参观者，帮助参观者更好地理解展览内容[3]。对于设计工作来说，对信息源的准确解读，是一切的基础。

博物馆依托于收藏物而建立，其使命在于以物证史，通过碎片的遗址和文物，如拼图一般还原真实的历史生活和社会图景。任何历史遗迹与遗物，均为特定历史时期人类社会活动的直接产物，深刻烙印着时代的独特印记，从而成为映射并蕴含社会结构、经济形态、文化观念、技术发展等多维度社会内容的宝贵载体[4]。这些遗迹与遗物不仅是过往岁月的物质遗存，更是解读人类社会历史进程、理解文明演进轨迹的关键证据。作为时间的见证者与历史的复原师，文物能够为观者提供一个具体而形象的窗口，引领观者深入窥探并理解历史的真实面貌，深化对人类社会历史发展脉络的认识与理解，而这一切都建基于科学的考古研究与系统的艺术设计上。

宝墩文化作为新石器时代文化，出土文物多集中在石器与陶器，以及碳化种子、动物骨骼等[5]。除了上述所说的可在博物馆进行展示的文物，宝墩遗址本身也是一个不容忽视的“物”。自1995年启动对宝墩遗址的全面调查与发掘以来，考古工作者对遗址范围内超过1.5万平方米的面积进行了考古发掘，发现了城墙、房址、墓葬、石器加工点、稻田等重要遗迹，宝墩先民在这片土地留下的痕迹，为还原宝墩文化时期的社会面貌提供了证据系统。

一般观众往往注重对文物的外在审美吸引力与直接的经济价值进行考量，而忽略了文物所蕴含的文化信息，及其作为自然与历史变化物证的角色。随着时代的进步，当前，博物馆观众群体的视角正发生显著转变，其参观体验不再局限于对器物美学特质的单纯欣赏，而是愈发倾向于深入探究这些文物背后的故事——它们何时由何人创作？采用何种技艺与流程完成？制作工艺的复杂程度如何？以及在当时的社会环境中，这些物品有怎样的角色与功能？每一件人工制品，均是对个体或集体智慧的凝结，是一个时代和社会的缩影。因此，对于遗址博物馆而言，首要且核心的挑战在于如何实现从“物质实体”到“信息内容”的有效转换与传递。

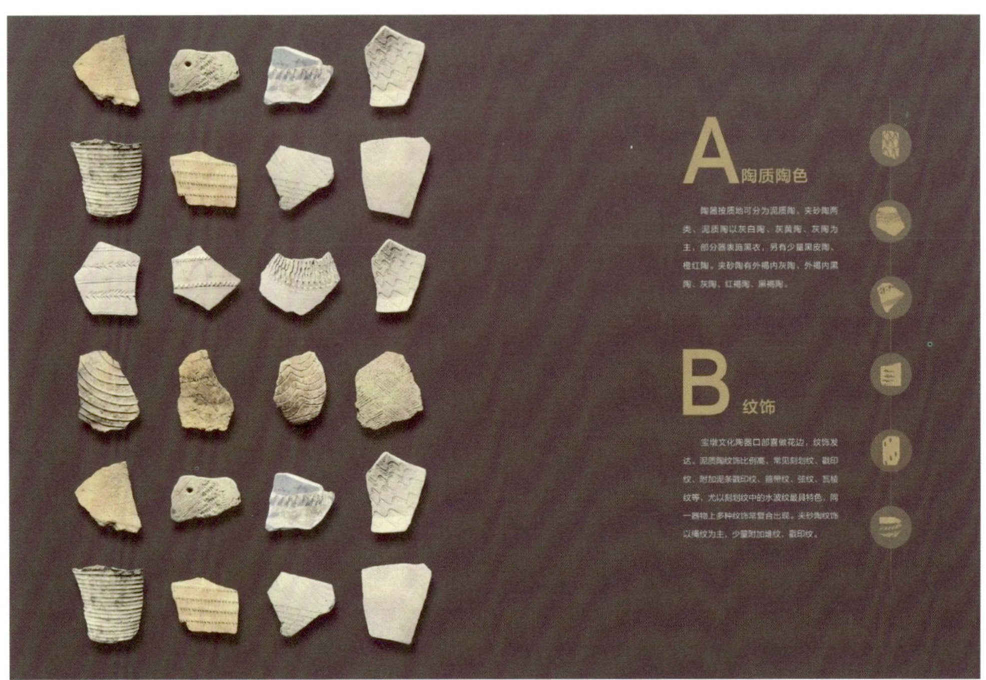

图1 宝墩遗址出土陶片的陶质陶色和纹饰展示

三、再造——设计师的逻辑

（一）考古信息的公众解读

作为面向社会开放的公共空间，博物馆的责任是“为社会及其发展服务”，使博物馆与观众之间相和谐；使博物馆文化与民众文化需求相协调；使博物馆事业与社会进步相统一；使博物馆社会效益最大化[6]。且博物馆作为一个公众信息传播平台，承载着思想、知识、艺术及价值情感。因此，展览应基于学术研究，针对公众需求设计，避免学术堆砌。坚持“以人为本”，深度剖析历史文化并转化为公众易懂形式，实现“深入浅出”的传播，以满足公众知识诉求，清晰展现历史文化内涵。

与此同时，博物馆的策展还必须兼顾通俗和严谨，坚持傅斯年先生说的“一分材料出一分货”[7]，不过度演绎，也不戏说编造。宝墩作为一个高度专业性的考古主题，其深奥的考古知识往往成为公众理解的障碍。因此在深度挖掘并有效传达宝墩文化的历史信息时，最重要的便是做到曲高和寡的学术研究和公众知识获取需求之间的平衡。为此，需要将宝墩文化的来源、分期、城墙功能、生活形态、聚落结构、社会复杂化进程等研究内容，进行转化与解读、解构与整合。从展示单元的划分到单元内容的排布，尽可能地从观众的角度出发，为观众构建一个脉络清晰而内容丰富的展览。唯有将学术研究成果转化为易于公众接受与理解的公共知识，打破学术与公众之间的界限，才能缩小博物馆与观众之间的认知鸿沟，令深邃的文化内蕴与观众之间的传达得到良好的链接（图1、图2）。

（二）“讲故事”——博物馆叙事的重要原则

展示可以是意念的表述、文化的诠释或立场的表态。展示也可以是一种叙事，博物馆展览的

图2 由不同陶质陶色的陶片拼成出土文物展示墙

叙事话语是一种重新结构化的论述。它基于对物质遗存深入的研究与解读，在将研究成果传达给观众时，加入故事线的设计，融入故事情节，这就是常说的博物馆要善于“讲故事”，即“叙事”结构的展示方式。叙事与人类历史本身共同产生，以无限的形式处于时间和空间之中[8]。人类为应对因自我觉醒而产生的，对未来与未知的不可避免的恐惧，采用了编故事的方式为自然赋予了因果秩序，以此向自身交付确定性，并建立起心理的安全屏障[9]。德国的英国文学与文化教授弗鲁德尼克（M.Fludernik）提出：“叙事的本质是一种人本化体验的交流——是人类的体验、情感、描述性感知和反馈中固有的经验性。[10]”

博物馆作为人类文化记忆构建的场域，自然在自觉与不自觉之间与叙事学产生了碰撞与结合，成为最为典型的叙事形态之一。从受众视角审视，相较于传统线性时间轴式的展览布局，叙事性展览以其独特的魅力，能够更深层次地引发观众的情感共鸣，增强展览的吸引力、提高大众接受度。而对于博物馆及策展方而言，叙事不仅是组织展览内容的有效手段，更是激发博物馆创新活力、拓展发展边界的强有力工具，引领着博物馆未来的无限可能。莱斯利·贝德福德（Leslie Bedford）曾明确提出讲故事是实现建构博物馆展览的理想策略。他认为“故事”是博物馆工作的“实质”（real thing），“讲故事”更是博物馆最需要认真对待的事情[11]。

遗址博物馆的展览空间，并不只是承载叙事信息的物理展示平台，更应被视为一个富含意义、充满叙事矛盾的场域[12]。博物馆中的每一块砖石、每一件遗物都承载着丰富的历史信息，共同编织着“事件”的经纬，构成了一个活生生的、可叙说的动态审美空间。在遵循以物证史原则的基础上，兼顾展览的大众化需求，以求精准解读物质遗存背后的文化密码，构建富有感染力的历史叙事框架，进而创造出以观众体验为核心驱动力的生活化叙事模式，真实再现历史场景。这一过程不仅关乎历史真相的传达，还是对观众情感与认知深度触达的积极探索，更是遗址博物馆展览设计的重要课题与挑战。

宝墩博物馆的基本陈列作为一个主题叙事性展览，其特点在于以相对系统的故事叙述为原点，去呈现一个地区历史的系统变化和社会生活较完整的画面，凸显重大的历史事件和文化创造，还原历史现象。从故事的角度切入，可以用通俗易懂的方式拉近与观众之间的距离，架起展示信息与观众沟通的桥梁。博物馆的展示内容便是一个完整的、大的“故事”，通过对事物过程描述的侧重，强调了“故事”的灵活性和连贯性，增强了“故事”发展的吸引力，以此充分引发观众对展览的共鸣与投入，增进观众对展示内容的理解[13]。宝墩博物馆展览的叙事逻辑在于紧扣“宝墩遗址的价值”以及“宝墩遗址与宝墩文化”两条主线，组织内容，引导观众理解何为宝墩，以及它为何重要。博物馆的叙事应有明确的主题思想统领，与严密的内容逻辑结构及其结构层次。

其叙事逻辑的构建框架被精心划分为“发现宝墩：源起与定义”、“巍巍古城：聚落与城垣的辉煌”、“稻作文明：社会与经济特征探析”、“古蜀根脉：文化源流与地位综述”四个紧密相连的展示单元。

在初步展览框架的构想中，设计者遵循了一套系统化、时序性的叙事逻辑：开篇明确阐述宝墩遗址的考古发现历程，及其作为宝墩文化命名依据的重要性，同时精准界定宝墩文化的概念范畴；第二单元突出“城”的概念，集中叙述宝墩古城遗址，深入剖析宝墩古城遗址的营建技术、空间布局及功能分区，并将视野扩展至整个成都平原史前城址群，探讨其共性与差异；第三单元全面展示宝墩文化的物质文化面貌，包括建筑、生活模式、手工业生产、丧葬习俗等，深入分析这些特征如何共同构建了宝墩社会的经济结构、生活方式及文化认同；第四单元对宝墩文化的起源、发展轨迹、对外交流及其在中国古代文明乃至世界文明史上的地位进行宏观阐述。

随后设计者进行了叙事结构调整，对宝墩遗址与宝墩文化的内涵进行了更为精确且清晰的学术界定，修订后的展览框架如下：在展览的开篇，将视线定格于当下，叙述宝墩发现与确认的过程，凸显的是宝墩作为成都平原史前文明探索起点的重要意义。随后，展览的叙事情景回到了数千年前的宝墩文化时期，从城市聚落、生活形态、手工技术等角度切入，这些元素被精心编织成一系列微观叙事单元，体现宝墩先民创造的物质与精神文明的历史价值。在展览的结尾，集中叙述了宝墩的来源与归处，彰显出宝墩在古蜀文明乃至中华文明发展演进中的地位。由近至远，由小见大，将宝墩的故事娓娓道来。

（三）建立参照系：用熟悉解释陌生

在博物馆的参观体验中，观者的探索与学习进程往往受制于展陈布置的引导。当观者初入陌生环境时，面对密集而多元的符号体系与信息洪流，往往会产生如隔阂感、不安感等不良的情绪反应。有效提升博物馆的信息传递效率与展览质量，关键在于迅速消解此类负面情绪，通过策展手法将未知转化为“似曾相识”，促使观者体验到“他乡遇故知”般的愉悦与惊喜。

在此过程中，进化论美学（Evolutionary Aesthetics）作为一种跨学科理论工具，其基于广义进化论与进化论心理学的视角，为解析美及审美偏好的形成提供了深刻洞见。该理论认为，无论是自然风光的壮丽、生物形态的优雅，还是原始艺术的质朴，均可溯源于进化过程中的适应性机制与心理积淀[14]。具体而言，人类的认知与审美活动深受体内根深蒂固的原始集体记忆影响，当遭遇具备已然适应性或潜在有益性的视觉元素时，大脑会本能地释放出愉悦的信号[15]。此外，人类对于平均与对称形象的偏好，亦是这一进化美学逻辑的具体体现。

鉴于此，博物馆的策展实践应巧妙融入进化论美学原理，充分利用人类天然的审美倾向。在场地规划上追求对称与和谐，以营造舒适的观展环境；在展品布局上实现平均错落，促进视觉流的自然引导；在场景构建上则紧密结合展览主题，展现其内在的已然适应性逻辑，使观者能够在熟悉的记忆符号与场景记忆中，找寻到陌生文物与古老信息的共鸣点，从而加速信息的解码与吸收[16]。更为重要的是，通过这一系列策略，博物馆能够成功地将参观者的角色从传统的被动接受者转变为积极的欣赏者与探索者。借助文物历史生活情境的再现，激活观者内心深处的原始记忆，激发其自主探索、主动学习的热情，使信息的获取、接收与理解过程变得更为自然流畅，最终实现博物馆教育功能与审美体验的双重提升。

为构建并保障上述展览框架高效运作，实现信息精准转译与有效接收的过程，应建立系统科学的文化参照系，在此由宝墩博物馆的展陈入手，对其进行深入剖析与阐述。相较于三星堆、金沙，宝墩是一个大众认知度较低的文化概念，但其却拥有极高的价值。鉴于此，该展览项目的逻辑架构始终围绕一个核心目标展开：即将宝墩文化系统地融入成都平原古蜀文明，乃至更为宏大的中华文明历史叙事之中。一个是横向的同时代史前文明的对比，一个是纵向的以时间为脉络的文明演进历程，该项目巧妙运用大众耳熟能详的文化符号作为桥梁，对相对陌生的宝墩文化进行创新性诠释。

1.成都平原历史

对于成都这座千年古都而言，闻名遐迩的金沙遗址展现了距今约3000年前的古蜀都邑的昌盛，而成都的建城历史却远不止于此，宝墩古城遗址的发现，将成都的建城史提前至4500年前，深刻揭示了这座城市更为远古的文明根基[17]。展览的宣传标语“三千年成都看金沙，五千年成都看宝墩”不仅精炼地概括了宝墩与金沙作为先秦时期成都地区标志性文化符号的历史地位，更是对两者在构建成都历史文化谱系中不可或缺角色的学术化与专业化诠释，体现了从微观考古发现到宏观历史叙事的完美融合。将“金沙”这一更为人所熟知的符号置于宣传语之首，再引出“宝墩”这一相对陌生的概念，在拉近观者与展览的心理距离的同时也激发了观者的好奇心与求知欲。最后通过“成都历史”这一条主线将二者串联，形成一条引人入胜的线索，引领游客步入博物馆，深入探寻成都悠久而丰富的历史底蕴。此外，展览中运用了场景复原的艺术手法，生动再现了先民们夯筑城墙的生动场景，直观展现了古城墙特有的顶窄底宽构造特征，这一视觉呈现与外部城墙遗址实物形成了内外呼应的视觉效果，不仅增强了展览的沉浸感与互动性，更深刻地促进了观众对宝墩古城与成都平原之间深厚历史联系的理解与记忆重构，使观众在亲身体验中，深刻感受到成都平原远古文明的独特魅力与不朽价值。

2.古蜀文明脉络

在古蜀文明跨越两千余载的绵延演化历程中，宝墩文化作为该文明谱系的滥觞，奠定了其文化发展的基石。自此以降，古蜀文明遵循着一条清晰的脉络——自宝墩文化发端，历经三星堆文化的辉煌、十二桥文化的深化，直至晚期古蜀文化的成熟与多元，构建了一个连贯且富有层次的文化序列，表明这片土地历史发展的传承与延续[18]。作为一个区域性文明，时间跨度如此之长，历史遗存如此之丰，彰显出了古蜀文明的宏大与广博。古蜀文化，犹如中华文明广袤森林中一棵根深叶茂的参天古木，其根系之深广，枝叶之繁茂，无不激发着今人对其深厚底蕴的无限向往与探索渴望。因此，在策展实践中，将宝墩文化置于古蜀文明发展的宏观脉络之中，循序渐进地展开其历史画卷，不仅能够有效地唤醒观者对于远古文明的原始记忆，更有助于他们在参观过程中深入理解宝墩文化的精髓与魅力，促进对中华历史文明多样性与连续性的深刻认识。

3.中华文明版图

宝墩文化是中国文明版图的重要部分，它不仅是古蜀文明的曙光，长江上游文明的起源，更有力地证明了古蜀地区也是中国文明起源的重要一元，与长江下游的良渚文化、中游的石家河文化等并驾齐驱，共同展示了长江流域文明起源的丰富多样性与复杂性，深刻体现了中华文明多元一体、交互融合的宏大叙事[19]。

基于全面彰显宝墩文化多维价值的考量，该展览精心策划，将宝墩文化置于其历史延续的脉络中，与随后的三星堆文化、金沙文化进行系统性展示，旨在揭示其内在的文化传承与变革。同时，巧妙融入良渚文化、石家河文化及二里头文化等跨区域、跨时代的文化元素作为对比与参照，通过这些广为人知的文化符号，构建出一个跨时空的对话平台。通过对宝墩历史的符号学再现，建立起一种可被人感知的序列性经验，令观者感知空间中蕴藏的意义。观众在此空间中，不仅能够深入探索宝墩文化的独特魅力，更能从宏观视角领悟中华文明多元共生、和谐共进的深刻内涵，从而对宝墩乃至整个中华文明的历史价值产生更为深刻的认识与共鸣。

（四）两个视角：文明视角和考古视角

在博物馆展览的策划与实现过程中，为确保文物诠释与信息传递的严谨性与精确性，策展人不仅在方法论上构建了参照体系，还创新性地引入了考古视角作为展览构思的核心策略之一。

作为连接考古遗址现场与大众文化生活的媒介空间，宝墩博物馆的本质属性深刻体现于考古专业性之中。鉴于此，展览设计精心构筑了双重叙事脉络与观察维度：

主线为文明视角，在文明演进的历史框架中叙述宝墩，以考古研究成果为依托，遵循“宝墩文化定义——文化特征概述——发展历程剖析——价值地位评估”的逻辑链条，由浅入深、层层递进解读宝墩文化，这是基于考古成果的客观历史再现。副线为考古视角，在展览中，设置了“考古手记”版块，从考古工作者的角度对展示内容进行专业补充论证，探秘展示成果背后的研究故事，聚焦考古发掘现场、考古技术演变、考古研究结论三大核心问题。两个视角交相呼应，形成了对考古成果的产生过程与具体呈现的链条。

考古视角的增设，不仅增强了展览的学术深度，还促进了公众对考古工作复杂性、科学性的认识，是“公众考古”理念实践的一次积极探索。通过考古视角的融入，展览构建了一条从考古实践到知识普及的桥梁，展示考古学的表义与特征，有效缩短了公众与考古学之间的距离，提升了公众对文化遗产保护与研究重要性的认知。

四、设计形态——从文本到展览

（一）展厅的空间效果设计

展览是一种空间表达，“转译”的第一步，便是将展陈规划的二维平面图精准转化为三维空间中的直观效果设计。空间效果设计是展厅最终实施效果的视觉预演，影响着观众对于博物馆最终呈现形态的直观认知与体验预期，是业主和专家团队进行方案审定的主要成果，也是进行施工图绘制和展陈专项深化设计的基础[20]。

空间效果设计作为展陈概念策划的实体化呈现，是创意构思与实施工艺之间的关键桥梁。效果设计不仅需要追求内容与形式、科学逻辑与艺术形式的平衡，也要综合考虑施工难度、项目周期、投资费用等基础条件，确保设计方案不仅富有创意与美感，更具备高度的实施可行性，从而以实施性为核心导向，推动设计向实际建造的有效转化。

在展陈设计的过程中，内容、形式、空间三者环环相扣，牵一发而动全身，其中任一元素的调整均会触发整体架构的连锁性响应与重构。因此，展陈设计团队必须站在统筹全局的角度进行方案思考，既要深刻理解展览内容创作合理的表现形式，也要学会用强烈的形式设计反向推动内容的整合重构，使内容、形式、空间的表达逻辑达到高度统一，方能使观众拥有整体叙事的观览体验[21]。此等设计任务要求超越了单一领域专家的能力范畴，无论是专注于文史研究的学者还是形式设计领域的专家，仅凭各自专长均难以胜任。它呼唤的是一个专业且成熟的展陈设计团队，该团队需具备卓越的整合能力，能够跨越专业界限，协调不同领域间的见解分歧，共同推动展陈设计向着更加完美、和谐的方向发展。

（二）展览的内容深化设计

在“转译”思想的指导下，宝墩博物馆在展陈设计中使用了大量的艺术场景、雕塑、绘画、多媒体等艺术形式去表达展览内容，这些创意表达并未因脱离直接文字叙述而削弱其存在价值，相反，它们巧妙地隐匿于“转译”形式的内在逻辑之中，实现了展览信息的非言语化传递。这意味着，所有形式创作的根基必须牢固建立在对展览内容的精准把握之上，即在确保信息传递准确无误的前提下，探索并实践形式上的创新与演绎。这就是所谓的在“科学审慎”和“艺术感染”之间寻找平衡。

1.形式表达

前期在展项形式的策划设计阶段，为配合重点展项形式的设计构思，展陈主创团队已然对展览内容进行过初步的筛选提炼，确认过每个展项要表达的内容主题，整理具备帮助形式设计的基础资料。例如宝墩古城城墙复原场景，城墙的长宽高数据和发掘照片自然就是基础资料，城墙的形态体量是场景需要突出表现的重点内容，此外城墙的地层堆积剖面结构、土壤性质等，则是场景表现时需要注意的细节问题；至于城墙的构筑技术与建造历程，则成为配套主题影片动态展示的核心叙事线索。这些构成有效内容信息的元素往往散见于多样化的原始资料之中，例如学术专著、发掘报告、期刊论文、研究报告等等，则由内容策划团队根据形式设计需要一一筛选、整理、标注，为展项形式设计提出内容表达重点，以此作为不同专业设计团队深化创作的依据。

2.文本阐释

尽管有越来越多的研究表明，博物馆观众的注意力分配中，对展览中的文字说明存在普遍的非完整阅读乃至完全忽视的现象[22]，但深入分析内容“转译”机制，在促进观众信息理解与吸收方面的积极作用后，可以发现，展览文字是建立展品与观众认知桥梁的关键环节，对于深化观众体验、增强信息传递效果具有不可替代的价值。

这是因为相较于绘画、雕塑等艺术表达形式，文字能更加准确的定义、聚焦信息，消除分歧，并对抽象信息进行补充，以便让观众能够进行系统的沟通。一个具象的宝墩建筑微缩复原模型，能让观众直观地看到史前房屋建筑的外观、结构甚至建筑主要材料。但单纯通过模型的观看，观众不会准确知道这种形式的建筑被称为“干栏式建筑”，底部架空的结构是为了“防潮防湿”“在一个聚落中通常仅有一座”“专家推测其用于仓储功能”，诸如名称、类型、功能以及分布情况等相关信息的依然需要配合文字、图片进行补充说明和解释。

如果说艺术形式设计，是利用形象表达，帮助观众更容易理解一个抽象的事物概念“是什么”，从而降低知识获取的门槛。那文字将负责统一这个概念的名称和定义，并在必要的时候向观众解释“为什么”。文字的说明解释让博物馆中的艺术形式表达更具有信服力，让观众们能够相信，即使这些城墙和房屋建筑都是现代艺术的产物而非真实的遗迹，但它们并不是艺术家们天马行空的想象，而是在大量考古研究论证基础上的严谨复原。特别是在艺术化、场景化特征的博物馆中，说明文字俨然已是“历史证据系统”的一环，用于增强展览的真实性、准确性。

因此博物馆中的文本文字并未因转译表达受人喜爱而消失，反而肩负起了更加重要的使命，既要确保信息的准确无误与逻辑严谨，又要兼顾浅显易懂，使之能够跨越知识门槛，触及广泛观众群体。同时，文本在追求信息传达的全面性与深入性的同时，还需保持行文的精炼与高效，力求在有限的篇幅内最大化信息传递的效率与质量，从而有效促进观众对展览内容的深度理解与情感体验。

（三）展品的艺术设计：重新定义展品

在考古和历史研究资料的考证指导下，形式设计团队通过雕塑、绘画、多媒体等艺术展示形式的组合，对宝墩时期的自然地理、聚落建筑等历史形态进行意向还原，这些艺术展项与珍贵的出土文物互为补充，共同构成了展览主题的诠释系统。由于“以文物为中心”到“以观众为中心”的展览思想的转变，展览诠释系统中艺术展项与文物、档案等历史资料之间的关系正趋于平等，逐渐成为服务展览整体叙事的新概念“展品”[23]。甚至由于艺术展示形式强烈的表现力和吸引力，艺术展项更容易成为普通观众关注的“重点展品”，成为内容信息传达的主要载体。由此艺术展项在内容表现的细节上，也需要更加注意对历史真实性和准确性的把握，科学与艺术平衡的原则渗透在展览形式设计的每一个阶段，大量细节表现的考据、设计和认证工作将成为艺术深化设计阶段工作的重点。下文以“成都史前遗址分布”“先民生活图景”两个展项为例来介绍。

1.成都史前遗址分布

成都平原史前遗址点位模型旨在向观众传达两个重要信息：一为成都平原的地理自然面貌，二为成都平原史前遗址的分布状况。同时，在这两个客观信息的表诉下，反映成都平原优越的自然环境，是宝墩文化时期人群扩张、遗址增多的重要原因。因模型要兼具表达以上两个要素，常用的平面地图显然不能满足地理概况的表现，从而在模型的设计阶段，考虑的便是立体与平面相结合的形式。

成都平原位于四川盆地西部，是岷江、沱江等水系冲出山体形成的平原，西邻龙门山、邛崃山，东连龙泉山，地势西北高、东南低，平原区河网结构呈放射状，为了表现成都平原“两山夹一城”“河网密布”等特征，模型建构中设计了立体的山脉和发光的河流，向观众直观地反映出成都平原的地理信息。在此基础上，依照考古发掘成果，将成都平原史前遗址的分布状况清晰地表现在模型之上，展示出遗址“多而密”的特征，由此反映出宝墩文化时期，成都平原已是一个富饶而独立的文化区。通过模型所传递出的以上两点信息，观众可以更加清晰的理解成都史前文明的孕育同自然地理之前的关系。

2.何以为食：重点展品的情景舞台

在宝墩文化考古序列中，各遗址所发掘的碳化植物种子遗存、动物骨骼化石、石器工具及陶器制品等实物资料，构成了阐释宝墩文化时期生业模式、生产生活实践的关键性物质证据（图3）。这些遗物在深入探究宝墩古代社会历史面貌时，展现了无可估量的学术价值与历史意义。然而，就其观赏属性而言，作为新石器时代文化遗存，其审美表达相对朴素，缺乏直观上的视觉冲击力。若仅采取孤立展示的方式于博物馆环境中，既难以遮蔽其非审美特性的局限，亦无法有效凸显其承载的深厚历史与文化信息，因此，如何巧妙融合其学术价值与展览美学，成为策划文物展览时的核心考量。

图3 宝墩文化陶灶（出土于宝墩古城遗址。外观呈桶形，通体饰粗绳纹，内壁等距分布7个支丁。一侧有略呈半圆形灶门。该文物是成都平原目前发现年代最早的灶，反映宝墩先民通过架高陶器烹煮食物。）

深入挖掘文物背后的信息后可发现，碳化种子与水稻田土实证了宝墩文化时期稻粟兼作的种植业面貌，动物骨骼反映了宝墩先民饲养家畜兼渔猎的活动，而石器与陶器则分别是农业生产活动与炊煮食物的重要器物，这些文物犹如一块块拼图构件，构建起宝墩先民生产生活的图景，后人对于宝墩一切想象的依据来源于此，而博物馆的意义便在于将这种想象付诸于现实，以实现与历史的重逢。

四千多年的宝墩情景，通过艺术场景复原的形式呈现在观众眼前，揭露出这片土地上所承载的丰富历史叙事与人文情怀：在广袤的成都平原上，宝墩先民择台地而居，修筑城墙，抵御野兽和外敌的侵袭。他们在田间耕耘，在林间狩猎，在水间捕鱼……他们曾如此鲜活地存在过，最终又消逝在时光里，但今人却可以透过他们所遗留的文物，窥见他们生活的情景（图4）。在博物馆里，此景又得以完整地展现，在这由文物信息所搭建的情景舞台里，亦将文物的展示融入其中，由物得景，由景衬物，情景成为了诠释文物的最佳载体，文物不再是孤立的存在。文物被放置在原有的历史语境下，它们所凝结的故事，所映照的过去都在复原的情景内得以彰显，物与景的融合带给观众的不只是观览视觉上的体验，更是历史信息最有效的传达[24]。

图4 宝墩文化陶器展示

五、总结

在博物馆的展览设计中，博物馆展览设计统筹展览信息，通过对展览信息的可视化的转译，使得展览信息的接受主体——参观者，能够更好地理解展览信息，获得准确的文化感知。转译不仅是博物馆设计师的核心职责所在，亦是衡量展览设计成功与否的重要标尺与指导性原则。综合宝墩博物馆的设计过程来看，在进行博物馆展览设计时，准确把握宝墩遗址和宝墩文化的核心内涵，巧妙地将“宝墩”这一文化符号置于成都地域特色、四川历史文化背景乃至中华民族文明进程的广阔框架之中，全面而深入地揭示了其历史意义与文化价值。在展览的叙事结构上，展览设计采用考古视角作为叙事主线，不仅精准还原了宝墩遗址的历史现场，还巧妙地搭建起一座桥梁，使公众能够跨越知识鸿沟，拉进公众与考古的距离，也促进了公众对文化遗产保护与传承的认识与关注。

综上所述，博物馆展览设计对展览信息的成功转译，是基于对展览内容深刻理解基础上的创造性表达，其根本目的在于实现展览信息的有效传播与深度解读。这与本文开篇所阐述的展览设计核心理念不谋而合，即通过构建具象化、多元化的展览呈现方式，不仅提升了观众的认知体验，更激发了观众对于展览内容的深刻思考与文化启迪。

参考文献：

[1] 宋治民．试论四川温江鱼凫村遗址、新津宝墩遗址和郫县古城遗址[J]．四川文物,2000(02):9-18.

[2] 陈剑，邱艳．成都平原史前城址考古：回顾与展望[J]．中国文化遗产，2015(06)：14-25.

[3] 刘启明．传统造型元素在当代空间形态中的转译[D]．天津：天津大学，2015.

[4] 陆建松．中国大遗址保护的现状、问题及政策思考[J]．复旦学报(社会科学版),2005(06):130-136.

[5] 姜铭，玳玉，张倩，等．新津宝墩遗址2009年度考古试掘浮选结果分析简报[J]．成都考古发现，2009(00):68-82+544-545.

[6] 单霁翔．博物馆的社会责任与社会发展[J]．四川文物，2011(01):3–18.

[7] 欧阳哲生．傅斯年全集（第2卷）[M]．长沙：湖南教育出版社，2003.

[8] BARTHES，R.，DUISIT，L．An Introduction to the Structural Analysis of Narrative[J].New Literary History,1975，06(02):237–272.

[9] 罗伯特·麦基，托马斯·格雷斯．故事经济学[M]．天津：天津人民出版社，2018.

[10] FLUDERNIK，M．An Introduction to Narratology（translated by Patricia Häusler–Greenfield and Monika Fludernik）[M]．Oxfordshire:Taylor&Francis Classics，2009.

[11] LESLIE BEDFORD．Storytelling：The Real Work of Museums [J]．The Museum Journal,2001(44):27–34；BEDFORD，LESLIE．The Art of Museum Exhibitions.Walnut Creek：Left Coast Press Inc，2014.

[12] 曾克明，曹国媛．博物馆建筑空间形态的叙事性设计策略解析[J]．美术学报，2019(03)：122–127.

[13] 李佳铭，艾红红．数字、景观、对话：对博物馆“云展览”的解构分析[J]．中国博物馆，2023(01):45–50.

[14] 马修·兰普利，孟凡君，卢幸妮．艺术、生物学和选择美学[J]．美与时代（下），2021(08):21–28.

[15] 郭玉越．当代西方进化论美学研究[D]．济南：山东大学,2018.

[16] 杨瑾．我国博物馆以“文明”为标题陈列展览的实践进程与创新路径[J]．中国博物馆,2023(01):66–72+127.

[17] 陈显丹，刘家胜．论三星堆文化与宝墩文化之关系[J]．四川文物，2002(04):3–6.

[18] 江章华，颜劲松，李明斌．成都平原的早期古城址群——宝墩文化初论[J]．中华文化论坛，1997(04):8–14.

[19] 赵殿增．从古城址特征看宝墩文化来源——兼谈“三星堆一期文化”与“宝墩文化”的关系[J]．四川文物，2021(01)：63–76.

[20] 吴贵．作为媒介的博物馆：视觉转喻、空间展演与关系再造[D]．广州：广州大学,2023.

[21] 陈晓蓉．文物博物馆陈列展览设计方法思考和分享[J]．文化产业，2023(12)：96–98.

[22] 杜欣阳，许传宏．空间重构：遗址博物馆展览空间叙事性设计策略[J]．设计，2021，34(23):117–119.

[23] 周进．我国博物馆陈列设计思想发展研究[D]．上海：复旦大学,2013.

[24] 孟苗，李婷婷．牢记嘱托 勇担使命 全面提升文物保护利用和文化遗产保护传承水平[N]．山西日报，2023–05–19:04.

后记
POSTSCRIPT

自 2002 年成立以来，四川二十一世纪文化传播有限责任公司一直致力于深耕博物馆展陈领域。在成功打造了一系列多元化的博物馆项目后，我们积累了丰富的实践经验，形成了一套涵盖策划、设计、施工全流程的博物馆建设方法论。这不仅是我们二十余年风雨兼程、精耕细作的智慧结晶，更是对行业深度的理解。

我们深知，每一座博物馆的建设都承载着业主方的殷切期望。作为专业的展览公司，我们的使命便是将这些期望转化为触手可及的现实，力求每一次展览都能达到尽善尽美的境界。博物馆建设是一个复杂而细致的综合性系统工程，它跨越学科界限，汇聚多元技能，要求多工种的紧密协作，每个环节都严格遵循既定的工作流程，彼此依存，不可偏废。只有确保每个环节都达到最高标准，才能确保展览最终的呈现效果。

“工欲善其事，必先利其器。”对我们而言，这本《博物馆展陈操作手册》便是我们的“利器”。它不仅为团队提供了明确的方向指引，还确保了博物馆建设工作系统化、规范化的开展，让每一个展览项目都能从概念设计转化为实体呈现。

通过这本手册，我们能够确保每个项目都按照最高标准执行。手册中的知识涵盖内容的思考、创意的独特实现、展览的空间布局等各环节，不仅是团队成员的行动指南，也是与业主方及合作伙伴沟通的坚实桥梁，有助于所有参与方对项目有清晰的理解和统一的目标。

展望未来，我们坚信：以这本手册为指导，我们定能在博物馆建设的征途上续写辉煌，不断贡献我们的智慧与力量，为大众开启一扇扇通往丰富文化与深刻体验的大门。

自 2002 年成立以来，四川二十一世纪文化传播有限责任公司一直致力于深耕博物馆展陈领域。在成功打造了一系列多元化的博物馆项目后，我们积累了丰富的实践经验，形成了一套涵盖策划、设计、施工全流程的博物馆建设方法论。这不仅是我们二十余年风雨兼程、精耕细作的智慧结晶，更是对行业深度的理解。

我们深知，每一座博物馆的建设都承载着业主方的殷切期望。作为专业的展览公司，我们的使命便是将这些期望转化为触手可及的现实，力求每一次展览都能达到尽善尽美的境界。博物馆建设是一个复杂而细致的综合性系统工程，它跨越学科界限，汇聚多元技能，要求多工种的紧密协作，每个环节都严格遵循既定的工作流程，彼此依存，不可偏废。只有确保每个环节都达到最高标准，才能确保展览最终的呈现效果。

“工欲善其事，必先利其器。”对我们而言，这本《博物馆展陈操作手册》便是我们的“利器”。它不仅为团队提供了明确的方向指引，还确保了博物馆建设工作系统化、规范化的开展，让每一个展览项目都能从概念设计转化为实体呈现。

通过这本手册，我们能够确保每个项目都按照最高标准执行。手册中的知识涵盖内容的思考、创意的独特实现、展览的空间布局等各环节，不仅是团队成员的行动指南，也是与业主方及合作伙伴沟通的坚实桥梁，有助于所有参与方对项目有清晰的理解和统一的目标。

展望未来，我们坚信：以这本手册为指导，我们定能在博物馆建设的征途上续写辉煌，不断贡献我们的智慧与力量，为大众开启一扇扇通往丰富文化与深刻体验的大门。

什么是展陈？

WHAT IS EXHIBITIONS?

博物馆不是文物库房：展品柜里放一放，展板墙上挂一挂。从“藏品”到“展品”到“讲故事”，博物馆的功能不断被重新定义。

博物馆涵盖
哪些内容和形式？

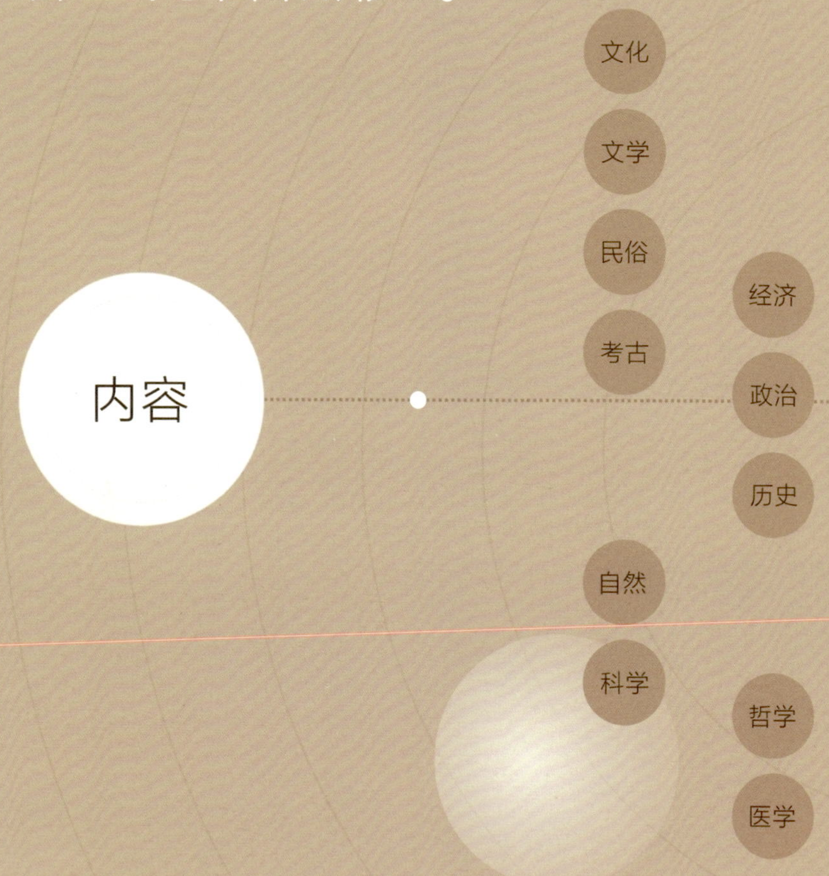

博物馆展陈是内容与形式的深度融合。

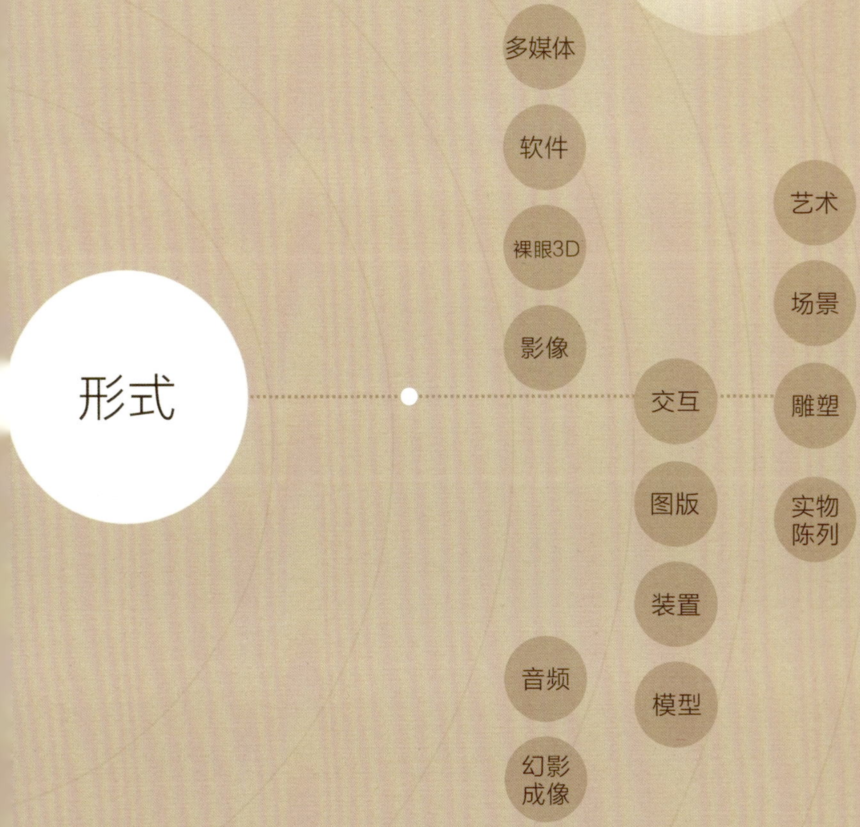

形式

多媒体

软件

裸眼3D

影像

音频

幻影成像

交互

图版

装置

模型

艺术

场景

雕塑

实物陈列

展览的最终品质
由五大要素
相互影响决定。

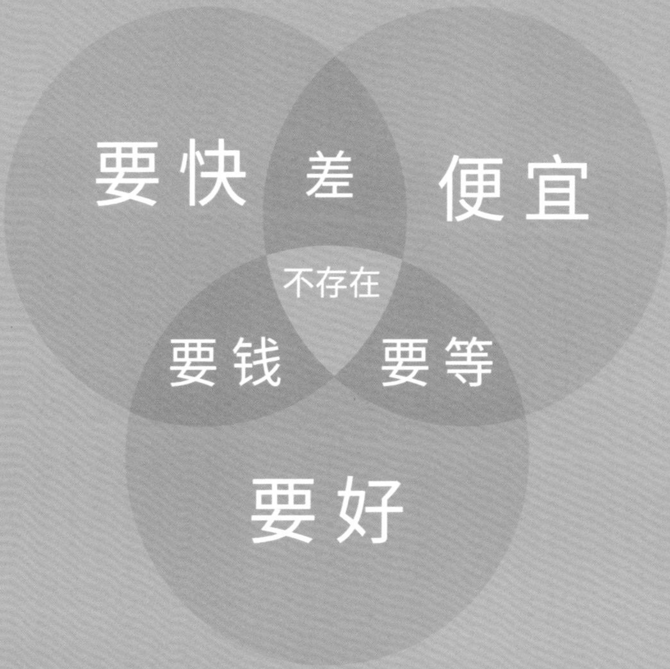

要快
差
便宜
不存在
要钱
要等
要好

多快好省是
不符合客观规律的。

展陈项目流程

根据工序，将项目目标和任务进行合理分解，分阶段推进。

第一阶段

立项筹备——定方向

第二阶段

招采流程——定效果

第三阶段

深化实施——定细节

第四阶段

验收开馆——成果完善

立项筹备——定方向

PROJECT INTIATION PREPARATION

01
为什么做？

02
展示什么？

03
在哪里展？

04
给谁看？

05
花多少钱？

06
多久呈现？

07
怎么合作？

工作清单

	业主单位	参建公司	
可行性研究	项目选址 明确投资金额 明确资金来源，经费筹集 明确项目实施内容及范围 明确开馆节点	现场踏勘 提供投资建议 提供展馆建设清单 编制工期计划	可研单位
概念设计	资料提供 展品征集、借展、筛选、修复 邀请成立专家组	资料搜集 资料整理、消化、研究 完成概念设计方案 编制项目概算	展览公司

确立工作机制，成立项目组
完成设计施工一体化招标

从无到有，从有到优，一个新建展馆需要哪些基础功能？涉及哪些主要专业？以建筑面积 5000m²以下的小型馆为例。

功能清单

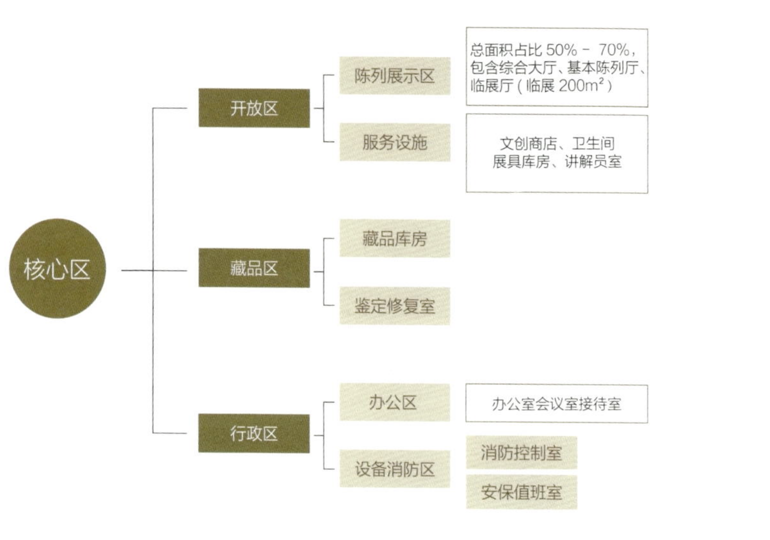

专业清单

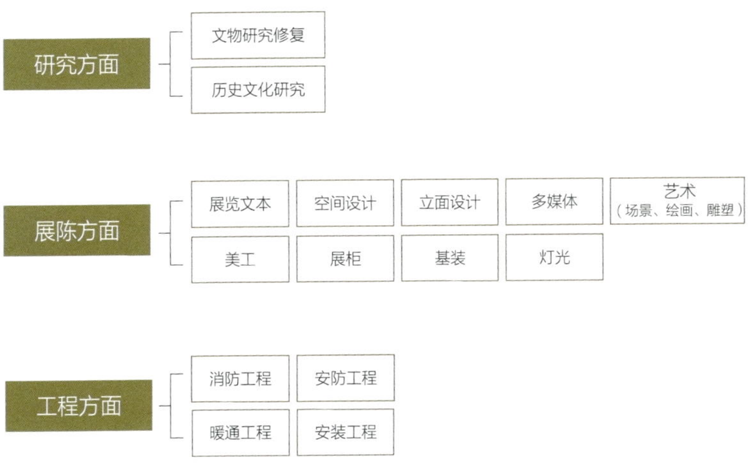

概念设计方案

方向审定

明确内容展示逻辑和重点，调整展厅的空间比重分配，为展览文本撰写与空间形式设计奠定基础。

项目定位

展览大纲

功能分区

平面布局

参观动线

风格调性

序厅：皮影戏的历史与发展

第一单元：百态千姿——造型

第一组：北方地区皮影
第二组：满眼繁华——皮影分类及各地皮影比较
第三组：南方地区皮影

第二单元：镂绘传奇——制作

第三单元：拿手好戏——演出

第一组：手舞变幻——皮影操纵
第二组：千剧百腔——皮影剧目、音乐

第四单元：影戏人生——皮影与民俗

第一组：搭班唱影——皮影戏班
第二组：娱人酬神——皮影的民俗功能

附：特色皮影展示

展览大纲（目录）

风格调性

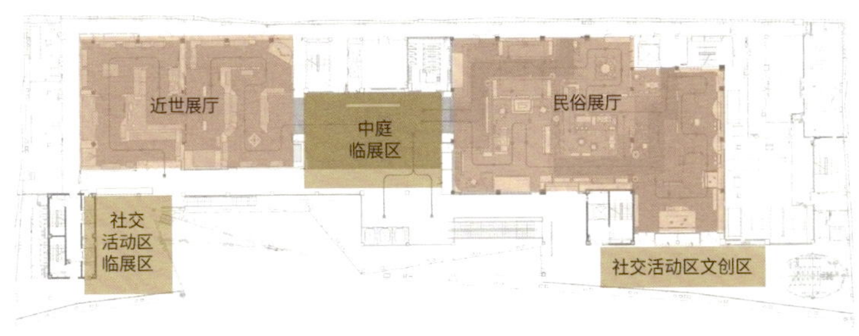

功能分区

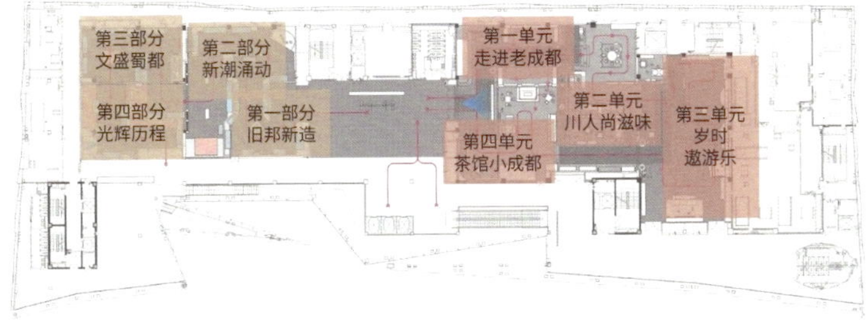

平面布局、参观动线

招采流程——定效果

THE BIDDING AND PROCUREMENT PROCESS

工作清单

业主单位	展览公司
设计方案评审	完成方案设计
确定监理单位	完成施工图
确定过控单位	配合图审
确定图审单位，进行图审	编制预算清单
清单评审，认质认价	资料提供
设计方案定稿	

效果设计方案

效果审定

直观表达展厅的最终呈现效果。

内容布局

空间设计

施工图设计

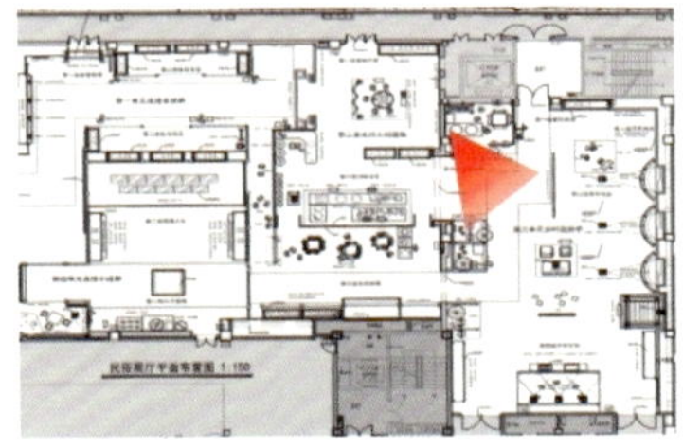

内容布局

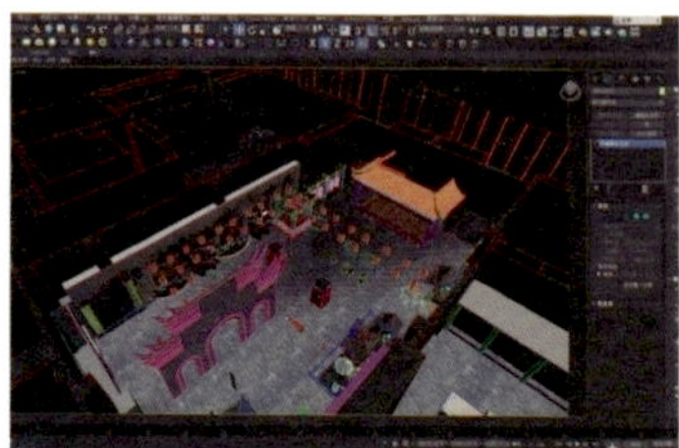

三维建模

空间设计效果

现场实施效果

深化实施——定细节

DEEPEN THE IMPLEMENTATION

工作清单

业主单位	展览公司
补充资料提供 签审专项设计	完成专项深化设计方案 1. 展览文本 2. 立面设计 3. 展柜展品 4. 辅助展项 5. 照明设计
选材选样	现场放线、节点打样
进度节点把控	细化施工工期表 硬件设备采购 施工组织、实施
现场布展	现场安装调试，协助布展

深化设计方案

细节审定

深度配合落实细节，指导实施。

展览文本

立面设计

展柜展品

辅助展项

照明设计

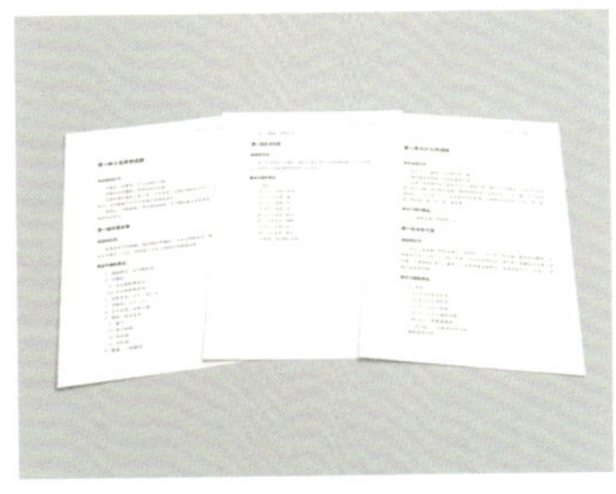

展览文本

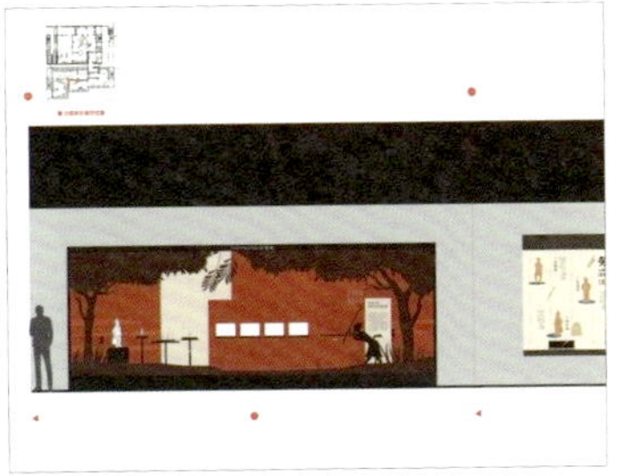

立面设计

展柜展品

辅助展项——艺术方案

辅助展项——多媒体方案

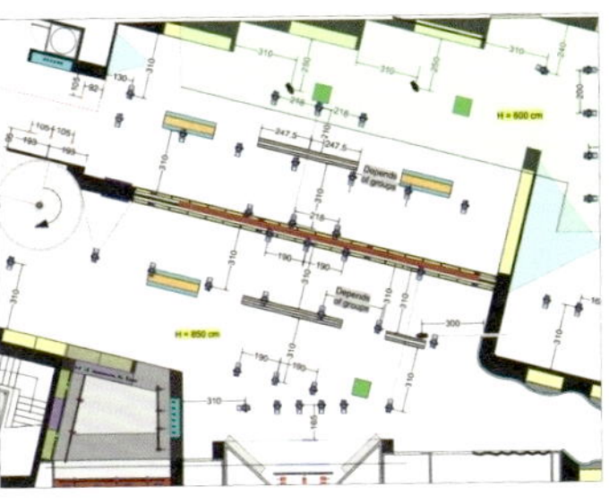

照明设计

展览文本

在展览大纲的基础上进一步补充搜集资料，细化具体图文内容，将原始材料文字转译为展览语言。

参考资料

立面设计

立面设计的展开，应以施工图和展览文本为基础，其中包括立面造型、图文版式等。

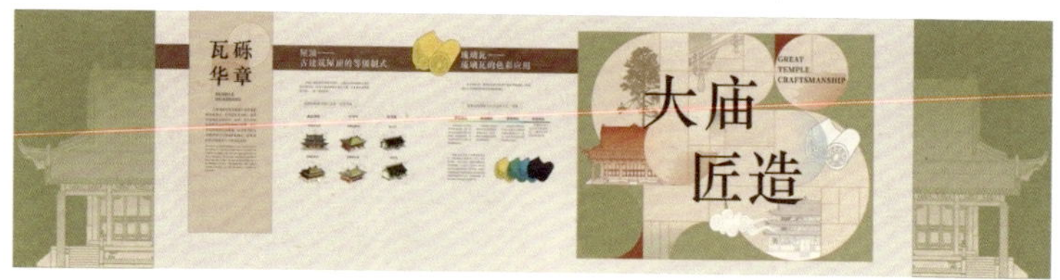

七曲山大庙博物馆立面图

交子金融博物馆立面图

展柜展品

基于展览主题与叙事需求，提出展品筛选建议，布局展品点位，完成展柜深化设计和展品展具陈列设计。

序号	分类号	名称	数量	质地	出土地 / 征集地	级别	尺寸（厘米）	存放地	图片
14	MS7 -11-28	铜质烟袋	1	铜质	四川	未定级	长 23 宽 7	北湖民俗库房	
15	MS7 -11-29	民国皮制储烟袋	1	皮质	四川	未定级	长 10 宽 6	北湖民俗库房	
16	MS7 -11-14	黄杨木烟袋	1	木质	四川	未定级	长 39 宽 10	北湖民俗库房	
17	MS10 -8-34	烟杆	1	木质	四川	未定级	长 74	北湖民俗库房	

成都博物馆民俗展厅展品清单（部分）

乐山大佛博物馆展品陈列

中国皮影博物馆展品陈列

大明宫遗址博物馆展品陈列

辅助展项

辅助展项是为了深入解读陈列展览内容，加强陈列展览效果和趣味性而创作、设计的除展品以外的展示项目，如展板、沙盘、模型、复仿制品、绘画、雕塑、场景复原、综合装置、多媒体项目等。

艺术场景

基于效果图方案，深入细化艺术展项的各项细节设计，并同步开展详尽的资料收集与补充工作，全面论证并优化展项设计方案的可行性与准确性。

成都博物馆民俗展厅卡片场景

Step1 · 效果设计

Step2 · 细节论证

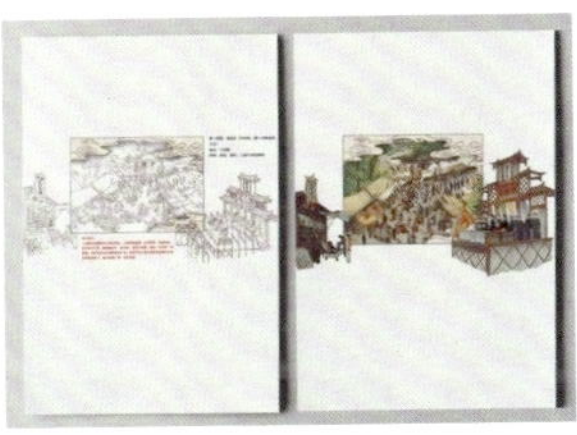

Step3 · 深化设计

Step4 · 现场呈现

人物雕塑

人物雕塑创作分以下几个步骤：

资料论证

首先，对方案设计中的人物形象进行资料搜集与论证。

艺术深化创作

在资料论证的基础上，进行艺术深化创作。

泥塑创作

泥塑是雕塑制作过程中不可或缺的一环。

《成都通览》插图

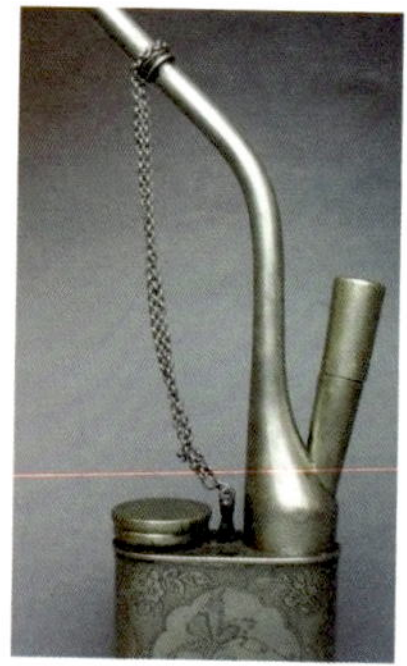

资料论证

形象设计

泥稿大样

对人物形象的考据，通常借助于地方史志类等图书文献完成。如本页所展示的成都博物馆民俗展厅的近代人物形象参考的是清代傅崇矩所著《成都通览》，他手中的物品则是参考文物实物完成的设计。

呈现效果

沙盘模型

沙盘模型的制作首先需明确模型的展示范围，并据此搜集资料作为设计依据。

Step1 · 效果设计

Step2 · 资料补充论证

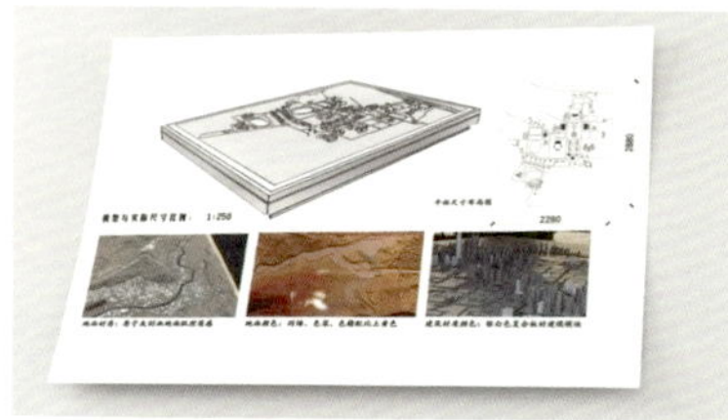

Step3 · 深化设计

Step4 · 场外制作

Step5 · 场内实施

交子金融博物馆微缩模型

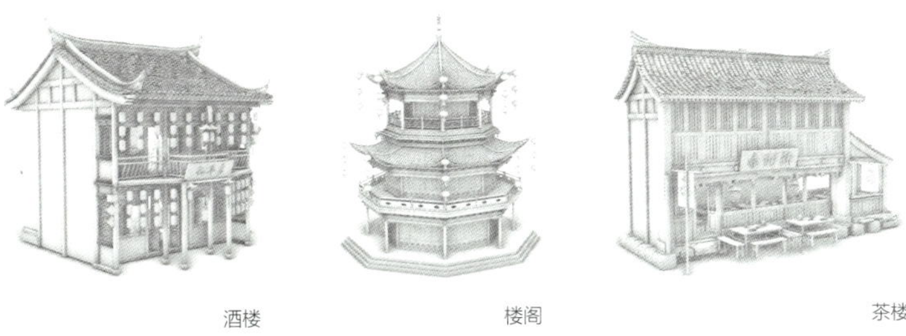

酒楼　　楼阁　　茶楼

质库

多媒体影片

撰写并确认影片方案

表现形式，影片时长与结构，解说词，分镜脚本。

影片制作

配音选样，拍摄、剪辑、包装，三维建模， 画面渲染，后期合成，输出与现场调试。

二维动画影片：分镜脚本

C01	画面亮起，乡下人在小路上穿着破衣服行走，场景切换至夜晚，表现乡里人穿着好衣服睡；			甲：乡间的人不敢穿好衣服，夜晚则穿起睡。	10
C02	画面表现，城里人在外穿正装梳油头到晚上却脱得只剩裤衩一股脑钻进被窝；			乙：省城的人衣服极力求好，夜晚脱完盖起铺盖睡。	10
C03	画面表现，夜里窗外黑洞洞，明月挂空，四下没有一星半点，乡里人将门窗紧闭，背着娃娃坐着床沿打瞌睡；			甲：乡间人怕匪人抱童子，背起娃娃不敢睡。	10
C04	画面表现，城里窗外夜里霓虹闪，娃娃躺摇篮，先生搂着太太腰肢，有说有笑地去了床上；			乙：省中一点不害怕，放着娃娃，抱到太太睡。	10

实拍影片：棚内 / 实景拍摄

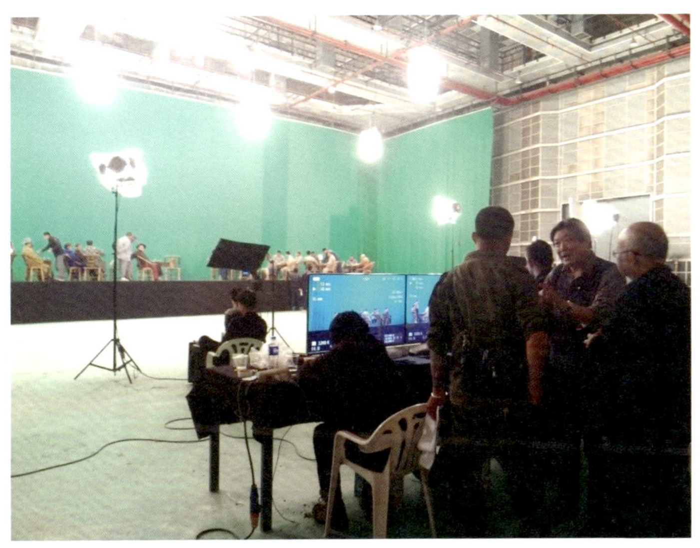

三维影片：模型制作

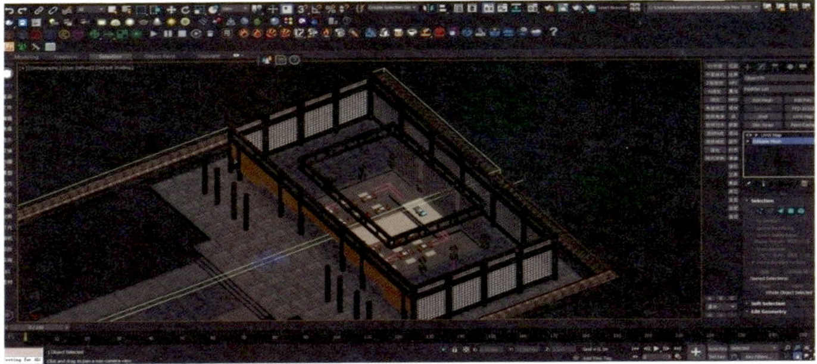

交互多媒体

内容框架、资料完善与整合、界面设计、程序制作、软硬件综合调试。

内容框架

内容框架是设计的基础，它决定了多媒体作品的整体结构和信息呈现方式。内容框架通常包括主要内容和章节，确保信息传递的完整性和逻辑性。

资料完善与整合

在多媒体创作过程中，资料收集扮演着不可或缺的角色。这一过程涵盖广泛搜集原始素材、精心筛选并适时增补，旨在打造充实、准确无误的展示内容。通过细致入微的资料整理工作，力求每一项多媒体的内容都鲜活呈现，丰富观众的认知体验。

查询内容框架

一、菜名

1. 正餐

宫保鸡丁、樟茶鸭、开水白菜、红烧牛头方、家常海参、干烧岩鲤、软炸扳指、玫瑰锅炸、鱼香肉丝、回锅肉、 水煮牛肉、豆瓣鱼、酸辣豆花、麻婆豆腐

2. 小吃

赖汤圆、夫妻肺片、龙抄手、担担面、三大炮、怪味鸡片、叶儿粑

二、名馆

聚丰园、正兴园、枕江楼、颐之时、竹林小餐、荣乐园、姑姑筵、春和园、醉陶村、朵颐、味之腴

三、名厨（按出生年月调整排序）

蓝光鉴、黄敬临、罗国荣、戚乐斋、刘建成、王海泉、王景林、黄子云、陈麻、张松云、孔道生、刘读云、朱维新、曾国华、华兴昌、毛齐成、黄绍清、范俊康

成都博物馆民俗展厅查询屏内容框架

界面设计

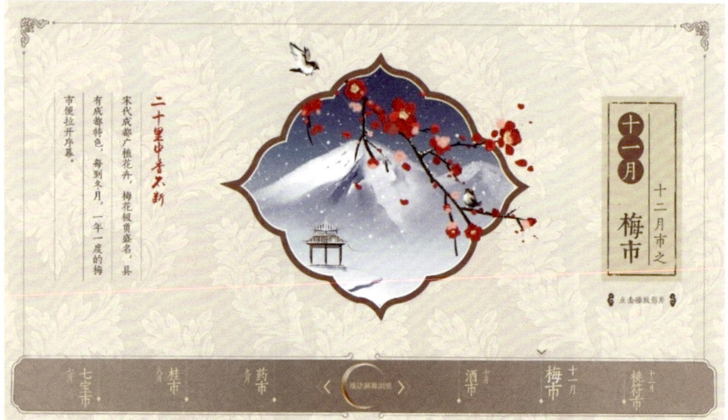

交子金融博物馆多媒体界面设计

程序制作

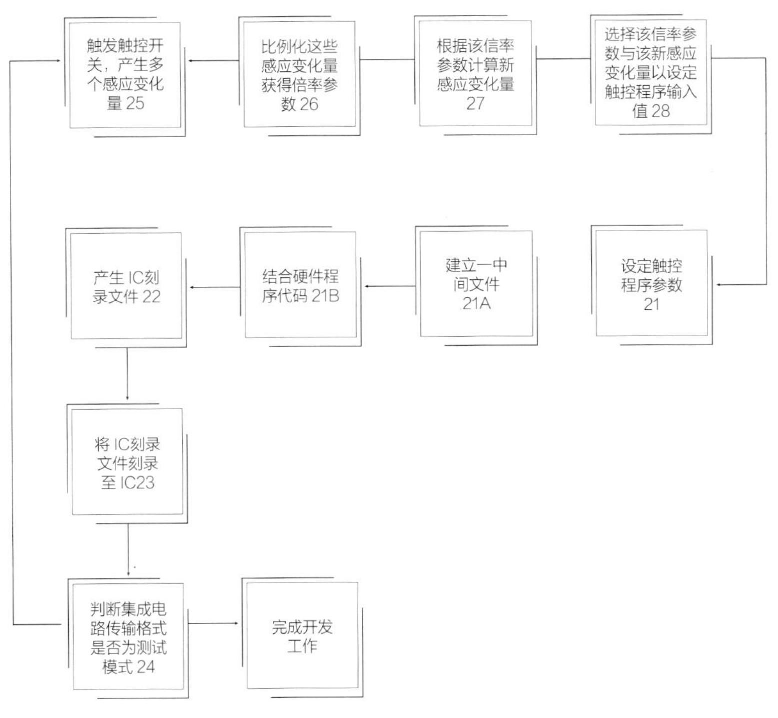

软硬件综合调试

在多媒体展项正式使用之前，软硬件综合调试是不可或缺的最后环节。它涉及硬件设备的配置、软件系统的测试和优化等多个方面。

综合展项

效果方案和实施策略整体通过后，各专业团队对其进行任务拆解、对应深化。

成都博物馆民俗展厅综合展项设计

照明设计

根据空间和深化设计方案，对展厅空间环境和柜内照明做灯光设计。

博物馆建筑陈列室展品照度标准值

类别	参考平面及高度	标准照度值 (1x)	色温	Ra	年曝光度 (1x.h/a)
对光特别敏感的展品：织绣品、纺织品、绘画、纸质物品、彩绘、陶（石）器、染色皮、动物标本等	展品面	≤ 50	≤ 3000k	≥ 85	≤ 50000
对光敏感的展品：油画、蛋清画、不染色皮革、角制品、骨制品、象牙制品、竹木制品和漆器等	展品面	≤ 180	≤ 4000k	≥ 85	≤ 360000
对光不敏感的展品：金属制品、石质器物、陶瓷器宝玉石器、岩矿标本、玻璃制品、搪瓷制品、珐琅器等	展品面	≤ 300	≤ 6500k	≥ 85	不限制

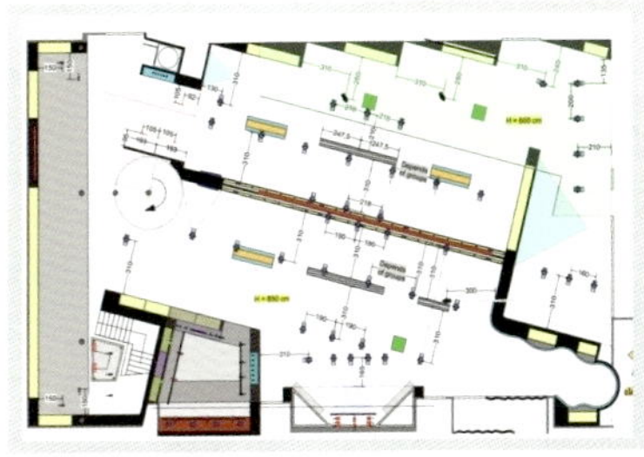

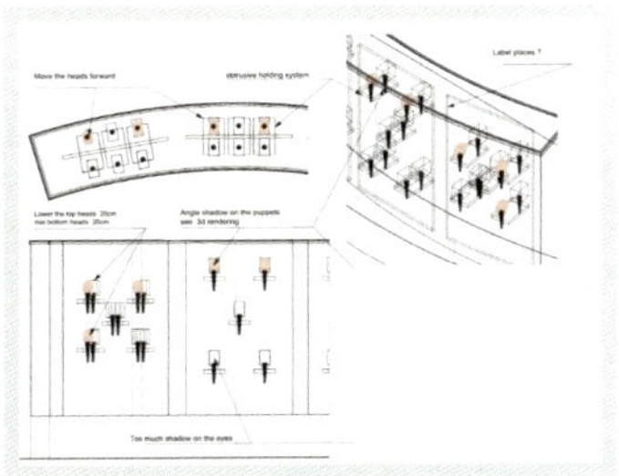

中国皮影博物馆灯光设计

现场实施

效果呈现

实施工期

节点控制

施工管理

实施工期

宝墩遗址展馆工期计划表

内容立面

序号	内容	周期 / 天	6月							7月							8月							9月						
			1	5	10	15	20	25	30	1	5	10	15	20	25	30	1	5	10	15	20	25	30	1	5	10	15	20	25	30
1	资料补充收集	10																												
2	展览文本深化、定稿	30																												
3	立面设计	30																												
4	立面调整、定稿	15																												

多媒体

序号	内容	周期 / 天	6月							7月							8月							9月						
			1	5	10	15	20	25	30	1	5	10	15	20	25	30	1	5	10	15	20	25	30	1	5	10	15	20	25	30
1	多媒体方案策划（程序方案、界面设计）	15																												
2	方案调整、定稿	20																												
3	资料补充收集	15																												
4	影片建模	25																												
5	影片制作、渲染	10																												
6	软件程序编制	30																												
7	程序测试	10																												
8	后期完善	5																												
9	现场调试	5																												
10	硬件订货采购、生产安装	45																												

基装美工类

序号	内容	周期 / 天	6月							7月							8月							9月						
			1	5	10	15	20	25	30	1	5	10	15	20	25	30	1	5	10	15	20	25	30	1	5	10	15	20	25	30
1	基础装修	70																												
2	美工制作	20																												
3	灯光工程	10																												
4	清洁	2																												

艺术展项类

序号	内容	周期 / 天	6月							7月							8月							9月						
			1	5	10	15	20	25	30	1	5	10	15	20	25	30	1	5	10	15	20	25	30	1	5	10	15	20	25	30
1	深化方案、调整、审定	30																												
2	场景	35																												
3	雕塑	35																												

总工期 110 天

节点控制

场内节点

放线

基础施工前，需要根据设计图纸在场地地面上划线标注展墙和场景展柜等大体量展项位置，帮助主创团队在建立现场空间感知，以便及时对空间结构性问题进行调整。

放样

当现场完成展墙搭建、展厅结构已直观明晰后，需要对重点大型展项进行现场放样，进一步确认展项在空间中的体量关系。

现场放样

场外节点

展览实施过程中，雕塑、模型、图版、仿制文物、展柜等相对独立的展项将分别在不同的工厂中进行生产制作，主体完成后再运输到现场进行现场二次深化加工及安装。对于场外制作的展项，同样需要对效果质量进行阶段审查。

展柜制作

博物馆展柜制作是一个复杂而细致的过程，需要专业的设计、制作和安装团队共同完成。通过科学合理的材料选择和工艺定制，为文物提供一个安全、美观、舒适的展示环境。

展柜制作基本要求

6.4.2 展柜

6.4.2.1 基本要求

展柜是陈列展览中承载和保护展品的专业设备，适应观众参观需求，有效保护柜内展品安全。

展柜应安全、坚固、便于使用，非固定展柜应便于移动。材料与施工均应精密、规范、安全、无害。五金锁具等应牢固可靠，符合 GB 8383、GB 8384 要求，单扇柜门应有两把以上锁具，锁具位置尽量隐蔽，一锁一钥，编号管理。根据文物保护要求，必要时应具备恒温恒湿、防有害气体、防振动（包括地震和其他振动）破坏等文物保护功能。

展柜内部一般分为展品放置空间、灯具电器安装空间和其他设备空间三部分，相互应独立分隔。

资料来源：
中华人民共和国文物保护行业标准：《博物馆陈列展览形式设计与施工规范》，中华人民共和国国家文物局 2019 年 1 月 31 日发布。

艺术创作

雕塑、绘画、模型等艺术作品的创作过程显著体现了艺术家的主体性与创造性，这些作品虽以设计草图作为基本导向，但其核心价值与魅力却深深植根于艺术家在绘制、雕刻等具体实践中的即兴发挥与深度探索。

人物雕塑制作

美工校色

展览的美工制作中，需进行颜色校对的工艺有四类：金属类（喷镀、烤漆、喷漆、喷塑、腐蚀填色、金属丝印、电镀），乳胶漆类（常规乳胶漆、艺术肌理漆、真石漆），墙纸类（UV喷印、写真喷印），印刷类（四色 / 专色滚印、激光快印、特殊工艺印刷）。

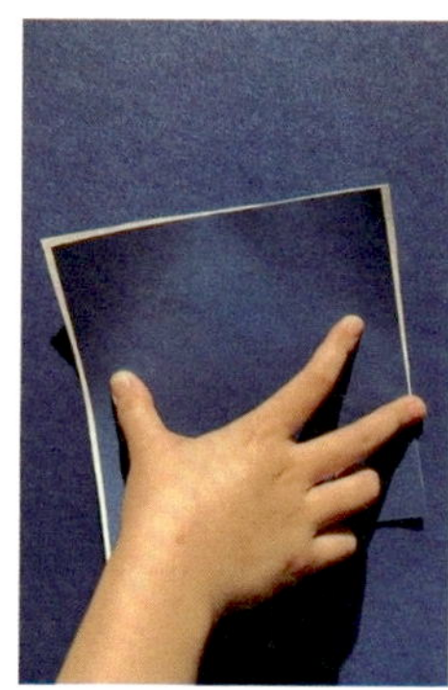

美工校色

实验节点

宝墩遗址展馆中的陶片墙制作是一个艰难的挑战，经过了策展方的多次实验。

宝墩遗址展馆陶片墙制作

施工管理

现场管理

材料和设备管理

成品保护

多媒体成品保护

验收开馆——成果完善

PROJECT ACCEPTANCE AND MUSEUM EXHIBITION OPENING

工作清单

业主单位	展览公司
展馆试运营（预验收），领导专家现场视察	配合接待，保障设备运营
汇总意见，明确整改变更任务、流程、经费	编制整改方案及增项预算
确认整改方案	完成整改项目
明确运营管理单位	编制竣工资料，项目验收、移交
解说员培训，设备运行负责人培训	撰写解说词，协助解说培训
	编制设备使用手册，完成使用培训

正式开馆

确定结算单位，发起结算审计

项目后期管理

展览工程的后期工作主要包括竣工验收、结算审计、资料移交和维护保修等内容。

竣工验收

竣工验收是对工程项目质量和设计要求的全面检查与确认，确保所有建设内容符合既定标准和规范。

结算审计

结算审计涉及对工程款项的最终清算，包括各项成本、费用及可能存在的调整项的核对与支付。

资料移交

资料移交是将项目从设计、施工到验收全过程的文档、图纸等资料，进行系统化整理并移交给博物馆方，以供未来参考与档案保存。

维护保修

维护保修则是指在工程交付使用后，为博物馆展览设施提供的定期维护服务及在保修期内对任何潜在问题的及时修复，以保障展览的持久展示效果和观众的安全体验。这些环节相互衔接，共同构成了博物馆展览工程后期管理的完整体系。

展陈项目的管理方法
统筹 · 协调 · 分工

MANAGEMENT REGULATIONS FOR
EXHIBITION PROJECTS

组织统筹

为确保展陈项目顺利进行，首要任务是成立专门的项目建设工作组。

例会协调

工作组及相关单位根据项目节点建立定期例会制度，通报情况，解决问题。

分块包干

1. 领导组

确立组长，作为项目舵手，负责审议重大决策，协调各方资源，确保项目方向正确。

2. 执行组

执行组需紧密衔接各专业组，统筹各专业组工作使其顺畅推进，并定期审验阶段成果，保障项目质量。

1）内容艺术组

内容艺术组负责展览素材的全方位整合，包括文字、图片和影音资料的收集、整理，展品的征集、修复和筛选，组织方案领导会及专家会，审定深化设计方案。

2）工程合约组

负责工程管理监督及项目招采程序、合同签订、造价成本、支付款项、结算审计工作，确保项目执行过程中资金、资源的有效配置与合理利用。

3）专家顾问组

根据项目实际情况，对内容和形式表达的准确性、权威性等提供专业指导，确保展览内容与形式的准确性、权威性。

项目筹备建设工作组

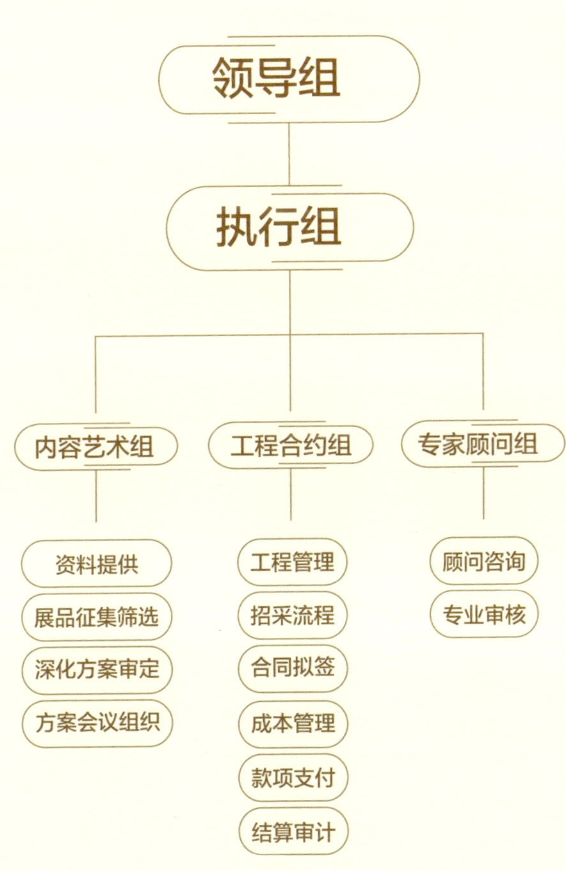

博物馆项目流程与周期

MUSEUM PROGRAM PROCESS AND CYCLE

项目流程

PROJECT PROCESSES

政府投资的博物馆项目主要分为政府资金项目和财政资金项目，这两类项目的区别在于资金来源与实施路径：

1. 如果项目业主需通过发展和改革委员会立项和批复，则采用工程建设项目流程。
2. 如果项目业主需通过财政部门申请资金，则采用政府采购项目流程。

由此，一个主要走工程建设程序（发展和改革委员会渠道），另一个主要走政府采购程序（财政渠道）。

政府资金项目

此类项目主要通过发展和改革委员会进行立项和审批，资金通常来自政府拨款，立项阶段主要包括项目必要性与目标确定、可行性研究、发展和改革委员会审批等，后续阶段为工程建设管理招标等环节。

项目立项阶段

- 确定项目建设意义和目标
- 进行可行性研究和前期工作
- 编制项目建议书并报发展和改革委员会审批

项目招标阶段

根据发展和改革委员会批示进行招标（如设计—施工一体化EPC招标），获得发展和改革委员会立项批复后，根据批准的实施方案开展招投标工作。设计—施工一体化（EPC）招标等模式可提高建设效率与质量控制。

财政资金项目

财政资金项目一般由业主单位向财政部门申请资金。这类项目的核心环节在于政府采购程序，即通过财政资金的申请、论证、备案与采购实施，确保公共资金的高效、透明与合法使用。

立项申请

项目业主单位向上级或财政部门提出采购计划申请，说明项目基本情况、必要性及资金来源。

项目论证

召开论证会议：组织相关部门和专家对项目进行论证，审议项目的可行性和必要性。

编制论证报告：根据论证会议意见编制项目论证报告，确保报告充分论证项目的合理性和可行性。

形成采购立项备案文件

经主管部门或财政部门认可后，业主形成正式采购立项备案文件，明确采购品目、预算与实施路径。

项目周期

PROJECT CYCLE

展览文本、设计施工一体化或展览服务采购招标：197个工作日

1.编制与审批招标文件	5个工作日
2.发布招标公告及招标文件发售	5个工作日
3.投标及开标	20个工作日
4.评标	1个工作日
5.中标结果公示	5个工作日
6.发出中标通知书	1个工作日
7.签署合同	30天内（与第8步并行）
8.完成初稿设计与施工图设计启动	40个工作日
9.初稿验收与效果确定	5个工作日
10.完成终稿与施工图深化设计	20个工作日
11.专家评审及图审报送	5个工作日
12.施工与设计调整	90个工作日

项目完成共197个工作日

项目总投资构成及依据

COMPOSITION AND BASIS OF TOTAL PROJECT INVESTMENT

策划设计施工费

参照中华人民共和国财政部办公厅 2017 年 7 月 5 日颁布的《陈列展览项目支出预算方案编制规范和预算编制标准试行办法》(财办预〔2017〕56 号)文件及同类型展陈项目单方造价:

概念设计阶段项目预算标准表

展馆类别	预算构成	预算标准	计算基准	备注
博物馆	综合考虑项目从立项筹建到完成所需的全部费用	≤ 14000 元 / 平方米	按展区地面面积计算	展示馆可参照美术馆预算标准控制，科技馆可参照博物馆预算标准控制
纪念馆		≤ 12000 元 / 平方米		
美术馆		≤ 10000 元 / 平方米		

陈列展览项目总预算表

<table>
<tr><th>序号</th><th>费用项目</th><th>计算基准</th><th colspan="2">预算标准</th><th>备注</th></tr>
<tr><td>一</td><td>基础装修费</td><td>按照展区地面面积计算</td><td colspan="2">≤ 3000 元 / 平方米</td><td>改陈项目增加拆除工程费 150 元 / 平方米</td></tr>
<tr><td rowspan="3">二</td><td rowspan="3">陈列布展费</td><td rowspan="3">按照展区地面面积计算</td><td>博物馆</td><td>≤ 6000 元 / 平方米</td><td rowspan="3">其中进口专业恒温恒湿展柜按不超过 12 万元 / 平方米</td></tr>
<tr><td>纪念馆</td><td>≤ 4000 元 / 平方米</td></tr>
<tr><td>美术馆</td><td>≤ 5000 元 / 平方米</td></tr>
<tr><td>三</td><td>专业灯光购置费</td><td>按照展区地面面积计算</td><td colspan="2">国产灯具≤ 1000 元 / 平方米
进口灯具≤ 1500 元 / 平方米</td><td></td></tr>
<tr><td>四</td><td>多媒体系统工程费</td><td>按照展区地面面积计算</td><td colspan="2">≤ 3000 元 / 平方米</td><td>多媒体系统费用占总投资比重原则上不应超过 20%，数字虚拟展览可另行制定标准</td></tr>
<tr><td>五</td><td>其他费用</td><td>包括建设单位管理费、招标代理费、监理费、设计费等</td><td colspan="2">参照《基本建设项目建设成本管理规定》（财建 [2016]504 号）、《招标代理服务收费管理暂行办法》（计价格 [2002]1980 号）、《工程建设监理收费标准》（发改价格 [2007]670 号）、《工程勘察设计收费管理规定》（计价格 [2002]10 号），根据项目实际及市场行情综合确定</td><td></td></tr>
</table>

造价咨询服务费

参照国家发展改革委《关于进一步放开建设项目专业服务价格的通知》（发改价格〔2015〕299号）文件。

工程监理服务费

参照《建设工程监理与相关服务收费管理规定》（发改价格〔2007〕670号）文件。

招标代理服务费

参照《招标代理服务收费管理暂行办法》（计价格〔2002〕1980号）文件和（发改价格〔2011〕534号）文件。